京师职教
Jingshi Vocational Education

职业教育财经商贸专业课程改革新教材

小企业会计综合实训

主　审　徐乃香
主　编　郭继宏　崔慧敏　夏　岩
副主编　盛春林　贾林霞　程素珍

京—师—职—教—
财贸类—财会专业

北京师范大学出版集团
北京师范大学出版社
BEIJING NORMAL UNIVERSITY PUBLISHING GROUP
BEIJING NORMAL UNIVERSITY PUBLISHING

U0659713

图书在版编目(CIP)数据

小企业会计综合实训/郭继宏，崔慧敏，夏岩主编. —北京：北京师范大学出版社，2016.3(2022.10重印)

（职业教育财经商贸类专业课程改革新教材）

ISBN 978-7-303-19397-4

Ⅰ. ①小… Ⅱ. ①郭… ②崔… ③夏… Ⅲ. ①中小企业－会计－中等专业学校－教材 Ⅳ. ①F276.3

中国版本图书馆 CIP 数据核字(2015)第 185692 号

教材意见反馈　gaozhifk@bnupg.com　010-58805079
营 销 中 心 电 话　010-58802755　58800035

出版发行：北京师范大学出版社　www.bnupg.com
　　　　　北京市西城区新街口外大街 12-3 号
　　　　　邮政编码：100088
印　　刷：北京天泽润科贸有限公司
经　　销：全国新华书店
开　　本：787 mm×1092 mm　1/16
印　　张：22.75
字　　数：550 千字
版　　次：2016 年 3 月第 1 版
印　　次：2022 年 10 月第 2 次印刷
定　　价：42.80 元

策划编辑：邹　瑛　　　　责任编辑：邹　瑛
美术编辑：高　霞　　　　装帧设计：高　霞
责任校对：陈　民　　　　责任印制：陈　涛

前言

　　为了济宁市高级职业学校创办国家示范校会计电算化重点专业，加强中职学校会计电算化专业学生手工会计实训和会计电算化实训，我们根据企业调研资料，结合新会计准则和小企业会计准则有关规定，组织教师编写了这本《小企业会计综合实训》。本书既可以供中职学生或者春季高考学生进行会计电算化学习和实训，作为在校学生会计手工实训教材，也可以作为初学会计业务者的参考读物。

　　《小企业会计综合实训》有四个特点：一是模块化实训。本书根据创办企业的过程，分别安排"办证业务""筹资业务""职工薪酬业务""存货业务""加工业务""期间费用业务""销售业务"和"纳税申报业务"等任务模块实训。二是建账实训。本书除了前述模块实训业务外，还专门根据新开办企业发生的业务作为实训内容，便于学生对新开办企业的业务实训，为学生到新开办企业工作打下基础。三是贴近实际。本书是编写人员根据企业会计实践业务编写，所有资料基本来自于会计实际工作。所以，更有利于学生将会计理论与实践结合。四是一书双训。本书实训分为会计电算化实训和会计手工实训。会计指导教师可以根据学生实训情况，分别进行安排。

　　本书编写人员有郭继宏、崔慧敏、夏岩、盛春林、贾琳霞、程素珍和王天仲等。其中，郭继宏、崔慧敏、夏岩任主编，盛春林、贾琳霞、程素珍任副主编。编写过程中，济宁市高级职业学校副校长徐乃香对编写内容提出不少意见，并对本书出版进行审核。由于时间仓促，加之作者水平有限，错误或遗漏之处在所难免，不当之处请批评指正。

《小企业会计综合实训》编写人员

2015 年 4 月 10 日

目　录

模块一

单项练习

会计信息化实训资料

一、企业背景资料

任兴橱柜有限责任公司(简称任兴公司)是一家专门从事橱柜生产的制造企业,该公司于 2015 年 6 月 1 日开始用计算机替代手工记账,主要使用总账系统、报表管理系统、薪资管理系统、固定资产系统和购销存管理系统。

开户银行:中国工商银行济宁任兴支行

基本存款账户:102009009034120667

纳税人登记号:370802196107143018　　法人代表:刘大江

公司地址:济宁市任兴路 6666 号　电话:0537 - 20387788

公司采用的会计政策和核算方法如下:

(1)公司以人民币为记账本位币(核算中金额计算保留至分位),记账文字为中文。公司执行《小企业会计准则(2013)》。

(2)公司为增值税一般纳税人,销售商品增值税税率为 17%,营改增相关业务执行现行税法。月末将本月应交未交增值税转入相关账户。

公司适用的城市维护建设税税率为 7%,教育费附加征收率为 3%,地方教育附加征收率为 2%。

公司营业税、车船税等均按现行税法规定计算缴纳。

公司按规定代扣代缴个人所得税。

公司企业所得税税率为 25%,企业所得税缴纳采用按季预缴,按年汇算清缴的方式,公司以前年度的企业所得税已进行汇算清缴。企业所得税采用应付税款法核算。

(3)存货按照实际成本法核算,材料采购费用按材料重量分配,发出存货成本采用先进先出法计算。

(4)发生的坏账损失采用直接转销法核销。

(5)固定资产分为三大类:房屋建筑物、机器设备和电子设备。固定资产年折旧率采用分类折旧率:房屋建筑物为 5%、机器设备为 10%、电子设备为 15%。

二、账套信息及财务分工

1. 账套信息

账套号:666

账套名称：任兴橱柜有限责任公司

启用日期：2015.06.01

行业性质：执行《小企业会计准则(2013年)》的工业企业

编码方案：会计科目编码级次4222，其他采用默认系统

启用模块：总账、工资管理、固定资产、购销存管理、核算及报表管理

2. 财务分工

编码	姓名	隶属部门	职务	操作分工
201	蔡文彬	财务部	会计主管	记账凭证的审核、查询、对账、总账结账、财务报表
202	韩兴贤	财务部	会计	总账（填制、查询凭证、账表、期末处理、记账）、薪资管理、固定资产、应收、应付、核算的所有权限
203	金山	财务部	出纳	现金管理、出纳签字、银行对账
301	钱多多	销售部	销售员	销售管理的所有权限
401	刘大江	采购部	采购员	采购管理的所有权限
501	阚守元	仓管部	库管员	库存管理的所有权限

三、基础档案设置

1. 部门档案

编码	隶属部门
1	企业管理办公室
2	财务部
3	销售部
4	采购部
5	仓管部
6	生产车间

2. 职员档案

编码	姓名	隶属部门	职务
101	刘大江	企业管理办公室	总经理
102	刘大海	企业管理办公室	副总经理
201	蔡文彬	财务部	会计主管
202	韩兴贤	财务部	会计
203	金山	财务部	出纳
301	钱多多	销售部	销售员
401	刘大河	采购部	采购员
501	阚守元	仓管部	库管员
601	金鑫鑫	生产车间	管理人员
602	王然然	生产车间	管理人员
603	张华	生产车间	车间职工

3. 客户档案

01 向阳股份有限公司(简称：向阳公司)

02 任兴橱柜经销公司(简称：橱柜公司)

4. 供应商档案

01 济宁东方钢材有限公司(简称：东方公司)

02 任兴钢铁制造厂(简称：任兴钢厂)

5. 凭证类别

记账凭证(记字)

6. 结算方式

编号	名称	是否进行支票管理
1	现金支票	是
2	转账支票	是
3	委托收款	
4	托收承付	
5	商业承兑汇票	
6	银行承兑汇票	

四、设置会计科目与期初余额

2015 年 6 月初有关账户余额如下(累计发生额略)：

科 目 名 称	辅 助 核 算	方向	期 初 余 额
库存现金 (1001)	日记账	借	6 000.42
银行存款 (1002)	日记账、银行账	借	256 800.00
工商银行 (100201)	日记账、银行账	借	6 800.00
建设银行 (100202)	日记账、银行账	借	100 000.00
齐鲁银行 (100203)	日记账、银行账	借	100 000.00
任兴银行 (100204)	日记账、银行账	借	50 000.00
应收票据 (1121)			
商业承兑汇票 (112101)			
银行承兑汇票 (112102)			
应收账款 (1122)	客户往来	借	116 361.00
预付账款 (1123)	供应商往来	借	27 000.00
其他应收款 (1221)	个人往来	借	10 840.00
原材料 (1403)		借	565 960.25
库存商品 (1405)		借	816 350.00
周转材料 (1411)	(工作服)	借	9 012.45
固定资产 (1601)		借	3 776 800.00
房屋建筑物 (160101)	企管办	借	3 000 000.00
房屋建筑物 (160101)	销售部	借	100 000.00
房屋建筑物 (160101)	基本车间	借	76 800.00
机器设备 (160102)	基本车间	借	600 000.00
累计折旧 (1602)		贷	877 020.00
短期借款 (2001)		贷	200 000.00
应付票据 (2201)			
商业承兑汇票 (220101)			
银行承兑汇票 (220102)			
应付账款 (2202)	供应商往来	贷	140 200.00
预收账款 (2203)		贷	3 000.00
济宁兴旺有限公司 (220301)	客户往来	贷	3 000.00
应付职工薪酬 (2211)		贷	177 301.95

科目名称	辅助核算	方向	期初余额
应付职工工资（221101）		贷	59 612.00
应付福利费（221103）		贷	38 569.21
应付教育经费（221107）		贷	10 597.74
应付住房公积金（221105）		贷	68 523.00
应交税费（未交增值税）（222102）		贷	23 678.14
其他应付款（2241）	个人往来	贷	2 300.00
实收资本——刘任兴（300101）		贷	3 717 800.18
——刘大江（300102）			100 000.00
资本公积（3002）		贷	20 300.00
盈余公积——法定盈余公积（310101）		贷	204 800.00
本年利润（3103）		贷	82 000.00
利润分配——未分配利润（310415）		贷	110 523.85
生产成本（4001）		借	73 800.00
制造费用（4101）			

明细资料：

品名	单位	数量	单价	金额	
库存商品	101 橱柜	套	100	7 000.00	700 000
库存商品	102 橱柜	套	10	11 635.00	116 350.00
原材料	301 钢材	千克	11000	30.00	330 000
原材料	302 角钢	千克	9 438.41	25.00	235 960.25

生产成本——101 橱柜（400101）42 000 元

生产成本——102 橱柜（400102）31 800 元

往来账明细资料：

日期	凭证号	客户	摘要	方向	金额	业务员	票号
2015.5.9	记字 66 号	向阳公司	暂欠销货款	借	116 361.00	钱多多	1 559
2015.5.16	记字 78 号	钱多多	预借差旅费	借	9 840.00		
2015.5.18	记字 82 号	张华	预借差旅费	借	1 000.00		
2015.5.19	记字 88 号	东方公司	暂欠购料款	贷	140 200.00	刘大海	15 519
2015.5.20	记字 90 号	橱柜经销公司	预收货款	贷	3 000.00	钱多多	15 520
2015.5.23	记字 92	任兴钢厂	预付货款	借	2 7000.00	刘大海	15 523
2015.5.29	记字 99 号	刘大江	未领工资	贷	2 300.00		

五、操作要求

1. 根据上述资料，使用会计软件建立账套，并设置操作员和权限。

2. 设置基础档案，并录入账户期初余额。

3. 结合"模块一"中任务二至任务七各任务的经济业务，使用相关会计软件进行处理：

(1)完成凭证编制、审核、记账等工作；

(2)使用期间损益结转自动转账功能，结转损益类账户本月发生额；

(3)计算本期应交所得税并予以结转。

4. 编制资产负债表和利润表。

任 务 一 办证业务

一、目的

通过本环节的练习，使学生了解新开办企业办理证照过程，并练习办理证照时发生相关经济业务的会计处理。

二、资料

1. 2015 年 6 月 1 日，任兴橱柜有限责任公司以现金支付业务招待费 500 元。

凭证 1

山东省地方税务局通用机打发票

记 账 联

发票代码　1386373161
发票号码　32297399

开票日期　　2015 年 6 月 1 日　　　　行业分类　餐饮业

纳税人识别号：37080219610714		机打号码 3018		
机器编号：000034111		税控防伪码：0908071234		
付款户名：	任兴橱柜有限责任公司		付款方式	转账
服务项目及摘要	单位	数量	单价	金额
餐饮				500.00
合计（人民币大写）伍佰元整				￥500.00
备注：				
开票人：周庆莉	收款人　周庆莉		收款单位盖章	手写无效

2. 2015 年 6 月 2 日，股东刘大江与股东刘大海商妥，二人合资创办一家新企业。通过"企业名称预先核准通知书"给新创办公司起名叫任兴橱柜有限责任公司。委托书打印费、身份证复印费等相关资料费用共计 300 元整。

凭证 2

山东省增值税普通发票　　　　　No. 7788979121

（记账联　销货方记账凭证）开票日期：2015 年 6 月 2 日

购货单位	名　　　称：任兴橱柜有限责任公司							密码区	
	纳税人识别号：370802196230148831488								
	地址、电话：任兴路 - 3229738								
	开户行及账号：工商银行洸河路支行 - 322973								
货物或应税劳务名称	规格型号	单　位	数　量	单　价	金　额	税率	税　额		
合　　　计				300.00	273.00	6%	27.00		
价税合计（大写）叁佰元整				￥300.00					
销货单位	名　　　称：济宁毕升打字社			现金付讫					
	纳税人识别号：37080099983								
	地址、电话：任兴路 2 号 - 2032165								
	开户行及账号：任兴银行 - 3298334								

收款人：朱德康　　复核：博思　　开票人：孙贤　　销货单位：（章）

3. 2015 年 6 月 3 日，任兴橱柜有限责任公司委托济宁环评检验所出具环评报告一份，支付环评费用 12 000 元。经办人：刘大江。

凭证 3

山东省增值税普通发票　　　　　No. 887977

（记账联　销货方记账凭证）开票日期：2015 年 6 月 3 日

购货单位	名　　　称：任兴橱柜有限责任公司							密码区	
	纳税人识别号：370802196230148831488								
	地址、电话：任兴路 - 3229738								
	开户行及账号：工商银行洸河路支行 - 322973								
货物或应税劳务名称	规格型号	单　位	数　量	单　价	金　额	税率	税　额		
合　　　计				12 000.00	11 320.75	6%	679.25		
价税合计（大写）壹万贰仟元整				￥12 000.00					
销货单位	名　　　称：济宁环评检验所			济宁环评检验所 000013560044056 发票专用章				备注	
	纳税人识别号：38 77642 434124								
	地址、电话：济宁路 8 号 - 32934284								
	开户行及账号：工商银行 - 23243249								

收款人：王振修　　复核：王勋　　开票人：王海　　销货单位：（章）

4. 2015 年 6 月 10 日，任兴橱柜有限责任公司办理完毕营业执照后，到公安机关指定单位刻制单位公章(包括行政公章、财务公章)，法人代表章等，支付刻章费用 420 元。

凭证 4

山东省增值税普通发票   No. 6677889

（记账联 销货方记账凭证）开票日期：2015 年 6 月 10 日

购货单位	名称：	任兴橱柜有限责任公司					密码区		
	纳税人识别号：	370802196230148831488							
	地址、电话：	任兴路－3229738							
	开户行及账号：	工商银行洸河路支行－322973							

货物或应税劳务名称	规格型号	单位	数量	单价	金额	税率	税额
合　计				420.00	396.22	6%	23.78

价税合计（大写）肆佰贰拾元整		¥420.00	现金付讫	

销货单位	名称：	济宁毕升打字社		备注	
	纳税人识别号：	370800 9998			
	地址、电话：	任兴路2号－2032165			
	开户行及账号：	任兴银行－3298			

收款人： 朱德康   复核： 博思   开票人： 孙贤   销货单位： （章）

---

5. 2015 年 6 月 12 日，支付网银费用及基本存款户开户费为 1 200 元。

凭证 5a

山东省国家税务局通用机打发票

发票联

发票代码 13654725075

发票号码 114272031

客户名称   任兴橱柜有限责任公司

收款台：2	收款员：02241		流水号：272031	除客户名称手写无效开具金额超过十万元无效
代码/名称	单价×数量		金额	
网银费用				
本页小计：			1 200.00	
1 现金	2015－06－12　　10：12：02			

总数量： 1 200.00   发票金额： 1 200.00

应付金额： 1 200.00   实付金额： 1 200.00

大写金额： 壹仟贰佰元整

密码： 鲁国税发票字（2015）0250 号卷数额6.985 发票200份×（76×127）

凭证 5b

中国工商银行
转账支票存根
X II 04448662
科　　目＿＿＿＿＿＿＿＿
对方科目＿＿＿＿＿＿＿＿
出票日期：2015 年 6 月 11 日
| 收款人： 市科技公司 |
| 金额： ￥1 200.00 |
| 用途： 网银费用 |
单位主管：　　　会计：

---

6. 2015 年 6 月 12 日，购计算机 4 000 元、扫描仪 3 200 元。

凭证 6a

山东省增值税普通发票　　　　　No. 44556787

（记账联　销货方记账凭证）开票日期：2015 年 6 月 12 日

购货单位	名　　称：	任兴橱柜有限责任公司						密码区	
	纳税人识别号：	370802196230148831488							
	地址、电话：	任兴路－3229738							
	开户行及账号：	工商银行洸河路支行－322973							
货物或应税劳务名称	规格型号	单位	数量	单价	金额	税率	税额
计算机		台	1	4 000.00	4 000.00	17%	680.00
扫描仪		台	1	3 200.00	3 200.00	17%	544.00
合　计					7 200.00		1 224.00
价税合计（大写）捌仟肆佰贰拾肆元整					￥8 424.00		
销货单位	名　　称：	济宁同济有限责任公司						备注	
	纳税人识别号：	37084324324988							
	地址、电话：	同济路 6 号－3243545							
	开户行及账号：	建设银行同济路支行－324354657684545							

收款人： 王琳　　复核： 赵华　　开票人： 黎明　　销货单位：（章）

凭证 6b

中国工商银行
转账支票存根
X II 04448663
科　　目＿＿＿＿＿＿＿＿
对方科目＿＿＿＿＿＿＿＿
出票日期：2015 年 6 月 12 日
| 收款人： 市同济公司 |
| 金额： ￥8 424.00 |
| 用途： 计算机、扫描仪 |
单位主管：　　　会计：

凭证 6c

固定资产交接单

2015 年 6 月 12 日

移交单位	山东学通电脑公司	接收单位	财务科
固定资产名称	电脑及扫描仪	规格	奔腾
技术特征		数量	1
附属物		品牌	闪电牌
建造企业	山东电脑制造厂	出厂或建造年月	2015 年 6 月 10 日
安装单位	山东电脑制造厂	完工年月	2015 年 6 月 12 日
买价	7 200.00	安装费	0.00
税金		固定资产原始价值	7 200.00
移交单位负责人	刘芒	接收单位负责人	刘大江

7. 2015 年 6 月 12 日，支付办税员培训费 200 元。

凭证 7a

山东省服务行业统一收费收据

2015 年 6 月 12 日

交款单位	任兴橱柜有限责任公司		支付方式	现金
金额： 人民币（大写)贰佰元整		￥200.00		
收费项目	培训费		许可证号	
收费标准			计费基数	
备注			收款单位	济宁市工业学校

会计主管： 吴山　　　出纳： 陈春梅　　　制单： 张文杰

凭证 7b

中国工商银行
转账支票存根
X II 04448664
科　　目＿＿＿＿＿＿＿
对方科目＿＿＿＿＿＿＿
出票日期： 2015 年 6 月 12 日

收款人： 市工业学校
金额： ￥200.00
用途： 支付培训费

单位主管：　　　会计：

8. 2015 年 6 月 12 日，购买飞虎牌电焊机两台，价款共 234 000 元，以转账支票付讫。

凭证 8a

山东省增值税普通发票

No. 34355445181

（记账联　销货方记账凭证）　开票日期：2015 年 6 月 12 日

购货单位	名　　称：任兴橱柜有限责任公司 纳税人识别号：370802196230148831488 地址、电话：任兴路 - 3229738 开户行及账号：工商银行洸河路支行 - 322973				密码区			
货物或应税劳务名称	规格型号	单位	数量	单价	金额	税率	税额	
电焊机		台	20	10 000.00	200 000.00	17%	34 000.00	
合　　计					200 000.00		34 000.00	
价税合计（大写）	贰拾叁万肆仟元整（小写）￥234 000.00							
销货单位	名　　称：山东电焊机厂 纳税人识别号：3100483535465665 地址、电话：电焊机厂路 - 2435946 开户行及账号：农业银行洸河路支行 - 435454656676666				备注			

收款人：钱光明　　复核：文艺多　　开票人：孙钊　　销货单位：（章）

凭证 8b

中国工商银行
转账支票存根

X II 04448667

科　　目＿＿＿＿＿＿＿

对方科目＿＿＿＿＿＿＿

出票日期：2015 年 6 月 12 日

收款人：山东电焊机厂
金额：￥234 000.00
用途：购电焊机

单位主管：　　　会计：

凭证 8c

固定资产交接单
2015 年 6 月 12 日

移交单位	山东电焊机厂	接收单位	基本车间
固定资产名称	电焊机	规格	
技术特征		数量	20
附属物		品牌	飞虎牌
建造企业	山东电焊机厂	出厂或建造年月	2015 年 6 月 12 日
安装单位	山东电焊机厂	完工年月	2015 年 6 月 12 日
买价	200 000.00	安装费	0.00
税金		固定资产原始价值	200 000.00
移交单位负责人	刘大海	接收单位负责人	刘大江

9. 2015 年 6 月 12 日，任兴橱柜有限责任公司持营业执照副本、委托书等资料，到质量技术监督局办理组织代码证书，支付中介组织代码证书代理费用 320 元。

凭证 9

山东省地方税务局通用机打发票

发票联

发票代码 13654725075
发票号码 114272031
客户名称 任兴橱柜有限责任公司

现金付讫

收款台：2		收款：02241	流水号：272031	
代码/名称		单价×数量	金额	除客户名称手写无效开具金额超过十万元无效
网银费用				
本页小计：			320.00	
1 现金		2015－06－12 10；12；02		

总数量： 320.00 　　发票金额： 320.00
应付金额： 320.00 　　实付金额： 320.00
大写金额： 叁佰贰拾元整　　　发票专用章

密码：鲁地税发票字〔2014〕0250 号卷数额 6.989 万×200 份×（76×127）

10. 2015 年 6 月 11 日，任兴橱柜有限责任公司收到股东刘大江投资款 2 100 000 元。其中，2 000 000 元存入工商银行基本存款账户，刘大江已经将进账单交给财务科，100 000 元现金交给出纳员金山。

凭证 10a

工商银行进账单（回单）

2015 年 6 月 11 日　　　　　　　No. 2032143

付款人	全 称	中国工商银行济宁分行洸河路支行	收款人	全 称	任兴橱柜有限责任公司	
	账 号	13863749911		账 号	3229738	联是开户银行交给持（出）票人的回单
	开户银行	中国工商银行济宁分行洸河路支行		开户银行		
金额	人民币（大写）贰佰万元整		亿 千 百	中国工商银行股份有限公司		
			￥ 2 0 0	洸河路支行 0 0 0 分		
票据种类	其他	票据张数	★2015.06.11★			
			受理专用章			
			收妥抵用			
			开户银行盖			

凭证 10b

收　　据

2015 年 6 月 11 日

收款人：　金山	
今收到：　刘大江投资款	现金收讫
人民币：　拾万元整　　　　　¥100 000.00	
用途：　股东投资	

单位盖章：　　会计：蔡文彬　　出纳：金山　　经手人：刘大江

---

11. 2015 年 6 月 11 日，将投资款交存银行。

凭证 11

现金交款单　　　（回单）　　①

科目：工商 1014（二联）　　　　2015 年 6 月 11 日　　　　　　　对方科目

交款人	全称	任兴橱柜有限责任公司		款项来源				投资款								
	账号	322973		交款部门				财务科								
金额：（大写）壹拾万元整						千	百	十	万	千	百	十	元	角	分
							¥	1	0	0	0	0	0	0	0
券别	张数	百 十 万 千 百 十 元	券别	张数	千 百 十											
百元	1000	1 0 0 0 0 0 0	二元		中国工商银行股份有限公司 洑河路支行 ★2015.06.11★ 受理专用章 收妥抵用											
五十元			一元													
二十元			五角		（收款银行盖章）											
十元			二角													
五元			一角		复核　　　经办											

白纸黑油墨

此联由银行盖章后退回交款人

三、要求

会计手工业务

1. 根据上述经济业务，编制记账凭证。

2. 根据记账凭证，编制"科目汇总表"，根据"科目汇总表"，登记总账（相关总账期初余额根据"会计信息化实训资料"期初余额填制）。

3. 根据记账凭证（或收款凭证、付款凭证）登记"库存现金且记账"和"银行存款日记账"。记账完毕，核对日记账与总账。

四、实习准备

1. 会计手工工具

(1)会计凭证：收款凭证 3 张，付款凭证 9 张。或者记账凭证 12 张。

(2)科目汇总表 1 张。

(3)账页：现金日记账账页 1 张、银行存款日记账账页 1 张。

2. 会计电算化工具

会计软件一套。

任 务 二 筹资业务

一、目的

通过本环节的练习，使学生了解新开办企业接受投资业务类型，并练习投资业务的会计处理。

二、资料

1. 2015 年 6 月 12 日，任兴橱柜有限责任公司收到股东刘大江投资款 1 100 000 元。其中，100 万元存入工商银行基本存款账户，10 万元现金交出纳。刘大江已经将进账单交给出纳员金山。

凭证 1a

工商银行进账单(回单)

2015 年 6 月 12 日   No. 2032143

付款人	全　称	中国工商银行济宁分行洸河路支行		收款人	全　称	任兴橱柜有限责任公司							
	账　号	13863749911			账　号	322973							
	开户银行	中国工商银行济宁分行洸河路支行			开户银行	工商银行洸河路支行							
金额	人民币（大写）壹佰万元整			亿	千	百	十	万	千	百	十	元	角	分
					¥	1							0
票据种类		其他		票据张数									

中国工商银行股份有限公司
洸河路支行
★2015.06.12★
受理专用章
收讫抵用

此联是开户银行交给持（出）票人的回单

凭证 1b

收　据

2015 年 6 月 12 日

收款人：金山

今收到：刘大江投资款

人民币：壹拾万元整　　　　　￥100 000.00

用途：股东投资

现金收讫

单位盖章：　　　会计：蔡文彬　　　出纳：金山　　　经手人：刘大江

2. 2015 年 6 月 12 日，填写现金交款单将 100 000 元现金送存银行。

凭证 2

现金交款单　　（回单）　①

科目：工商 1014（二联）　　　2015 年 6 月 12 日　　　对方科目

交款人	全称	任兴橱柜有限责任公司		款项来源		投资款								
	账号	322973		交款部门		财务科								
金额：（大写）壹拾万元整						千	百	十	万	千	百	十	元	角	分
							￥	1	0	0	0	0	0	0	0

券别	张数	百	十	万	千	百	十	元	券别	张数	千	百	十
百元	1000		1	0	0	0	0	0	二元				
五十元									一元				
二十元									五角				
十元									二角				
五元									一角				

白纸黑油墨

中国工商银行股份有限公司
洸河路支行
★2015.06.12★
受理专用章
收妥抵用

（收款银行盖章）

复核　　　经办

此联由银行盖章后退回交款人

3. 2015 年 6 月 13 日，填写现金支票从银行提取现金 10 000 元备作零星开支。

凭证 3

中国工商银行
转账支票存根

编号：02574128778

出票日期：2015 年 6 月 13 日

收款人：	
金额：	￥10 000.00
用途：	备用金

单位主管：　　　会计：

4. 2015 年 6 月 15 日，任兴橱柜有限责任公司收到股东刘大海投资房屋一幢，股东协议作价2 000 000元，办理过户手续，支付营业税、印花税、办理土地使用权证等支付 61 200 元。

凭证 4a

固定资产交接单

2015 年 6 月 17 日

移交单位	刘大海股东	接收单位	基本车间
固定资产名称	厂房	规格	
技术特征		数量	1
附属物		品牌	
建造企业	山东鲁班集团有限公司	出厂或建造年月	2014 年 6 月 15 日
安装单位	山东鲁班集团有限公司	完工年月	2015 年 6 月 17 日
买价	2 000 000.00	安装费	0.00
税金	61 200.00	固定资产原始价值	2 061 200.00
移交单位负责人	刘大海	接收单位负责人	刘大江

凭证 4b

齐鲁银行电子缴税付款凭证

打印时间： 320150617000836118

纳税人识别号	370802222666	征收机关	任兴地税局
纳税人全称	任兴橱柜有限责任公司	收款国库	
开户银行	齐鲁银行任兴支行	划款日期	2015.6.17
付款人全称	任兴橱柜有限责任公司	账号	
税（费）种	所属期	电子交易号	实缴金额
营业税	2015/06/01—2015/06/30	37080219999	60 000.00
印花税	2015/06/01—2015/06/30		1 200.00
合计金额	陆万壹仟贰佰元整		61 200.00
银行盖章		柜员号	备注

委托银行划款专用凭证　　　第一联：客户回单

5. 2015 年 6 月 15 日，任兴橱柜有限责任公司收到股东刘大江投资钢材 20 000 千克，股东协议作价80 000 元，钢材由仓库保管员阚守元填制收料单，验收入库，未取得发票。

凭证 5

任兴橱柜有限责任公司材料验收单

材料科目：原材料
供应单位：刘大江　　　　　　　　2015 年 6 月 15 日　　　　　　　收料仓库：1

材料名称	计量单位	数量		实际成本					备注
		应收	实收	买价		运杂费	其他	合计	单位成本	
				单价	金额					
301 钢板	千克	20 000	20 000	4.00	80 000.00		—	80 000.00	4.00	
合计	千克	20 000	20 000	4.00	80 000.00		—	80 000.00	4.00	

记账： 蔡文彬　　　　　　　　收料： 阚守元　　　　　　　　制单： 金山

6. 2015 年 6 月 17 日，股东刘大海投资货运汽车一辆，价款 200 000 元，增值税 34 000 元，购置附加税 20 000 元。办理过户手续时，支付过户费、保险费等 4 000 元，以现金付讫。

凭证 6a

固定资产交接单

2015 年 6 月 17 日

移交单位	刘大海股东	接收单位	企业销售科
固定资产名称	汽车	规格	货车
技术特征		数量	1
附属物		品牌	东风牌
建造企业		出厂或建造年月	2015 年 6 月 15 日
安装单位		完工年月	2015 年 6 月 17 日
买价	200 000.00	安装费	0.00
税金	34 000.00	固定资产原始价值	224 000.00
移交单位负责人	刘大海	接收单位负责人	刘大江

凭证 6b

山东省增值税专用发票

No. 00000262

（发票联　购货方记账凭证）　开票日期：2015 年 6 月 17 日

购货单位	名　　称：任兴橱柜有限责任公司 纳税人识别号：370802196230148831488 地址、电话：任兴路 - 3229738 开户行及账号：工商银行洸河路支行 - 322973					密码区	
货物或应税劳务名称	规格型号	单 位	数 量	单 价	金 额	税 率	税 额
汽车	东风牌	辆	1	200 000.00	200 000.00	17%	34 000.00
合　计					200 000.00		34 000.00

价税合计（大写）贰拾叁万肆仟元整　　　　　　￥234 000.00

销货单位	名　　称：济宁长龙汽销有限公司 纳税人识别号：0000135500460044 地址、电话：素文大道 - 2308884 开户行及账号：工商银行素文大道支行 - 232444444	备注

收款人：张华　　　复核：孙新　　　开票人：孙茜　　　销货单位：（章）

凭证 6c

中国工商银行
转账支票存根

编号：000000263

出票日期：2015 年 6 月 17 日

收款人：济宁任兴国税局
金额：￥20 000.00
用途：支付购置附加税
单位主管：　　　会计：

7. 2015 年 6 月 16 日，股东刘大江投资中国梦牌电焊机 2 台，焊条一批，股东协议作价 140 000元。其中，焊条有普通发票，价值 80 000 元，电焊机没有发票。电焊机交付使用，焊条由阚守元验收入库。

凭证 7a

固定资产交接单
2015 年 6 月 16 日

移交单位	刘大江股东	接收单位	基本车间
固定资产名称	电焊机	规格	112# 电焊机
技术特征		数量	2
附属物	电焊枪 2 把	品牌	中国梦牌
建造企业		出厂或建造月份	2014 年 6 月 15 日
安装单位		完工年月	2015 年 6 月 17 日
买价	140 000.00	安装费	0.00
税金		固定资产原始价值	140 000.00
移交单位负责人	刘大海	接收单位负责人	阚守元

凭证 7b

山东省国家税务局通用机打发票(电子)

发票专用章
发票联

发票代码：13863749911

开票日期：2015－06－14	行业分类：商业	发票号码：2032137

付款方名称：

付款方纳税人识别号	37080219623014 8831488	

品名		规格型号	单位	数量	单价	金额
焊条		325	箱	200	400.00	80 000.00

小写金额合计：80 000.00	大写金额合计：捌万元零角零分	

收款方名称：	3708023	济宁火花有限责任公司 05372032137 发票专用章
收款方纳税人识别号：	49911	

地址、 电话：72032143
开户行及账号：建行济宁分行 13863743338

开票单位(盖章有效) 开票人 王小二 电子发票服务网址：www.chian.shand.com

凭证 7c

任兴橱柜有限责任公司材料验收单

材料科目：原材料
供应单位：刘大江　　　　　　　2015 年 6 月 16 日　　　　　　收料仓库：1

材料名称	计量单位	数量		实际成本					备注
		应收	实收	买价		运杂费用	其他	合计	单位成本	
				单价	金额					
325 焊条	箱	200	200	400.00	80 000.00		—	80 000.00	400.00	
合计	箱	200	200	400.00	80 000.00		—	80 000.00	400.00	

记账：蔡文彬　　　　　收料：阚守元　　　　　制单：韩兴贤

8.6 月 9 日，企业从中国工商银行取得 3 个月借款 200 000 元，年利率 9%，存入开户银行。

凭证 8

工商银行进账单（回单）

2015 年 6 月 9 日   No. 2032143

付款人	全 称	中国工商银行济宁分行洸河路支行		收款人	全 称	任兴橱柜有限责任公司									
	账 号	13863749911			账 号	322973									
	开户银行	中国工商银行济宁分行洸河路支行			开户银行	中国工商银行									
金额	人民币（大写）贰拾万元整					亿	千	百	十	万	千	百	十	元	角	分
								2	0	0	0	0	0	0	0	0
	票据种类	其他	票据张数	壹张											

中国工商银行股份有限公司
洸河路支行
★ 2015.06.09 ★
票据受理专用章
收妥抵用
开户银行盖

此联是开户银行交给持（出）票人的回单

9.6 月 10 日，任兴橱柜有限责任公司从济宁东方钢材有限公司购买 301 钢材 3 000 千克，单价 100 元，增值税 51 000 元。验收入库。价税款以银行承兑汇票付讫。

凭证 9a

银行承兑汇票

出票日期   贰零壹伍年零陆月零壹拾日   9000000000507

出票人全称	任兴橱柜有限责任公司	收款人	全 称	济宁东方钢材有限公司										
出票人账号	37080219623014883148.8		账 号	3229730000										
付款行全称	任城银行任兴路支行		开户银行	任城银行										
出票金额	叁拾伍万壹仟元整				亿	千	百	十	万	千	百	十	元	角	分
						¥	3	5	1	0	0	0	0	0	0
汇票到期日	贰零壹伍年玖月壹拾日		行 号		中国工商银行济宁支行										
承兑协议号	2032137		地 址	(8)	任兴路 666 号										
本汇票请你行承兑，到期无条件付款															
出票人签章		承兑行签章 承兑日期 2015 年 6 月 10 日													
	备注：				复核 记账										

凭证 9b

山东省增值税专用发票　　　　No. 43210292

（发票联　购货方记账凭证）　　　开票日期：2015 年 6 月 10 日

购货单位	名　称：	任兴橱柜有限责任公司					密码区	
	纳税人识别号：	370802196207143088						
	地址、电话：	任兴路－3229738						
	开户行及账号：	工商银行洸河路支行－322973						

货物或应税劳务名称	规格型号	单 位	数 量	单 价	金 额	税率	税 额
钢板	301	千克	3000	100.00	300 000.00	17%	51 000.00
合　计					300 000.00		51 000.00

价税合计（大写）	叁拾伍万壹仟元整　　　（小写）¥351 000.00

销货单位	名　称：	济宁东方钢材有限公司	备注
	纳税人识别号：	37080332488999×	
	地址、电话：	洸河路 666 号	
	开户行及账号：	工商银行洸河路支行 88	

收款人：王妮　　　复核：张兆华　　　开票人：李梅英　　　销货单位：（章）

凭证 9c

任兴橱柜有限责任公司材料验收单

材料科目：原材料

供应单位：济宁东方钢材有限公司　　　2015 年 6 月 10 日　　　收料仓库：2

材料名称	计量单位	数 量		实 际 成 本					备注
		应 收	实 收	买 价		运杂费用	其他	合 计	单位成本	
				单 价	金 额					
301 钢材	千克	3 000	3 000	100.00	300 000.00		—	300 000.00	100.00	
合 计	箱	3 000	3 000	100.00	300 000.00			300 000.00	100.00	

记账：蔡文彬　　　收料：阚守元　　　制单：韩兴贤

---

10. 6 月 20 日，企业从中国工商银行取得 2 年期贷款 100 000 元，年利率 12%，存入开户银行。

凭证 10

工商银行进账单（回单）

2015 年 6 月 20 日　　　　　No. 2092133

付款人	全　称	中国工商银行济宁分行洸河路支行		收款人	全　称	任兴橱柜有限责任公司							
	账号	13863749911			账号	322973							
	开户银行	中国工商银行济宁分行洸河路支行			开户银行	工商银行洸河路支行							
金额	人民币（大写）壹拾万元整		亿	千	百	十	万	千	百	十	元	角	分
							0	0	0	0	0	0	0

票据种类	其他	票据张数	壹张

开户银行盖章

中国工商银行股份有限公司
洸河路支行
★ ¥ 2015.06.20 ★
票据受理专用章
收妥抵用

11. 2015 年 6 月 20 日，任兴橱柜有限责任公司收到股东刘大河投资现金 60 000 元。

凭证 11a

收　据

2015 年 6 月 20 日

收款人：　金山

今收到：　刘大江投资款

人民币：　陆万元整　　　　¥60 000.00

用途：　股东投资

（现金收讫）

单位盖章：　　　会计：蔡文彬　　　出纳：金山　　　经手人：刘大海

凭证 11b

现金交款单　　　（回单）　①

| 科目：工商 1014（二联） | | 2015 年 6 月 20 日 | | 对方科目 | |

交款人	全称	任兴橱柜有限责任公司	款项来源	投资款
	账号	322973	交款部门	财务科

金　额：（大写）陆拾万元整

千	百	十	万	千	百	十	元	角	分
			6	0	0	0	0	0	0

券别	张数	百	十	万	千	百	十	元	券别	张数	千	百	十	元	角	分
百元	600			6	0	0	0	0	二元							
五十元									一元							
二十元									五角							
十元									二角							
五元									一角							

中国工商银行股份有限公司
洗河路支行
★ 2015.06.20 ★
受理专用章
收妥抵用

上述款项已如数收入账

（收款银行盖章）

复核　　　经办

（白纸黑油墨）

此联由银行盖章后退回交款人

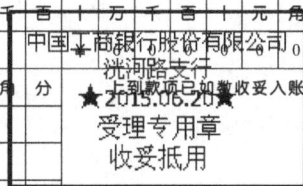

12. 2015 年 6 月 25 日，企业购买专利权一项，价款 50 000 元，以支票付讫。

凭证 12a

山东省增值税专用发票　　　　　　　　No. 3229732121

（发票联　购货方记账凭证）

开票日期：2015 年 6 月 25 日

购货单位	名　　称：任兴橱柜有限责任公司	密码区	
	纳税人识别号：370802196230148831488		
	地址、电话：任兴路 - 322973888		
	开户行及账号：工商银行洗河路支行 - 322973		

货物或应税劳务名称	规格型号	单　位	数　量	单　价	金　额	税率	税　额
专利	J226			50 000.00	47619.1	5%	2380.9
合　计					47619.1		2380.9

价税合计（大写）	伍万元整　　　　（小写）¥50 000.00		

销货单位	名　　称：济宁橱柜研究所	备注	
	纳税人识别号：370800000		
	地址、电话：文化路 1 号		
	开户行及账号：工商银行		

济宁橱柜研究所
000013560044231
发票专用章

收款人：赵华　　　复核：钱梅荣　　　开票人：周景凯　　　销货单位：（章）

第三联　发票联　购货方记账凭证

凭证 12b

```
            中国工商银行
            转账支票存根
    X Ⅱ 04448663
    科    目_____
    对方科目_____
    出票日期：2015 年 6 月 25 日
    ┌─────────────────────────┐
    │ 收款人： 市橱柜研究所        │
    ├─────────────────────────┤
    │ 金额：  ￥50 000.00        │
    ├─────────────────────────┤
    │ 用途：  购专利权            │
    └─────────────────────────┘
    单位主管：        会计：
```

合同(略)

三、要求

(一)会计手工业务

1. 根据上述经济业务，按发生经济业务时间排好顺序，然后编制记账凭证。

2. 根据记账凭证，登记实收资本明细账、登记短期借款明细账。

3. 根据记账凭证，编制"科目汇总表"，根据"科目汇总表"，登记总账。

(二)会计电算化业务

1. 根据"会计信息化实训资料"要求，建立账套，结合上述业务，按发生经济业务时间排好顺序，然后完成转账生成、记账、审核等工作；

2. 采用期间损益结转自动转账功能结转损益类账户本月发生额；

3. 生成或编制资产负债表和利润表。

四、实习准备

1. 会计手工工具

(1)会计凭证：收款凭证 7 张，付款凭证 7 张，转账凭证 5 张，或者记账凭证 19 张。

(2)科目汇总表 1 张。

(3)账页：现金日记账账页 1 张、银行存款日记账账页 1 张，实收资本明细账账页 2 张。

2. 会计电算化工具

会计软件一套。

任 务 三 职工薪酬业务

一、目的

通过本环节的练习，使学生了解新开办企业办理社会保险业务，即办理"五险一金"的过程，并练习职工薪酬经济业务的会计处理。

二、资料

1. 2015 年 6 月 20 日，任兴橱柜有限责任公司任红携带有关资料到企业经营注册地的社会保险事业局填报《社会保险登记表》和《参加基本养老保险人员情况表》，办理社会保险登记证，支付复印费用 80 元。

凭证 1

山东省服务行业统一收费收据

2015 年 6 月 20 日

交款单位	任兴橱柜有限责任公司		支付方式	现金	
金 额： 人民币（大写）捌拾元整		￥80.00			**现金付讫**
收费项目	复印费		许可证号		
收费标准			计费基数		
备 注		收款单位		复印社	

会计主管： 韩兴贤　　　　　出纳： 金山　　　　　制单： 任红

2. 根据员工出勤情况计算职工工资，编制工资结算表，并发放工资。

凭证 2a

```
中国工商银行
现金支票存根
编号： 0236112322
出票日期： 2015 年 6 月 30 日
┌─────────────────┐
│ 收款人：         │
├─────────────────┤
│ 金额： ￥126 878.33 │
├─────────────────┤
│ 用途： 发放工资   │
└─────────────────┘
单位主管：　　会计：
```

序号	部门	姓名	基本工资	岗位工资	加班工资	事假扣款	病假扣款	应付工资总额	扣除数					应付工资	代扣 个人所得税	实发工资
									养老保险 8%	医疗保险 2%	失业保险 0.5%	住房公积金 5%	合计			
22	车间	赵17	3 000.00	500.00	300.00			3 800.00	304.00	76.00	19.00	190.00	589.00	3 211.00		3 211.00
23	车间	赵18	3 000.00	500.00	300.00	100.00		3 700.00	296.00	74.00	18.50	185.00	573.50	3 126.50		3 126.50
24	车间	赵19	3 000.00	400.00	300.00	100.00	50.00	3 550.00	284.00	71.00	17.75	177.50	550.25	2 999.75		2 999.75
25	车间	赵20	3 000.00	400.00	300.00			3 700.00	296.00	74.00	18.50	185.00	573.50	3 126.50		3 126.50
26	车间	鄂21	2 500.00	400.00	200.00			3 100.00	248.00	62.00	15.50	155.00	480.50	2 619.50		2 619.50
27	车间	鄂22	2 500.00	400.00	200.00	50.00		3 050.00	244.00	61.00	15.25	152.50	472.75	2 577.50		2 577.50
28	车间	鄂23	2 500.00	400.00	200.00			3 100.00	248.00	62.00	15.50	155.00	480.50	2 619.50		2 619.50
29	车间	孔24	2 500.00	400.00	200.00			3 100.00	248.00	62.00	15.50	155.00	480.50	2 619.50		2 619.50
30	车间	孔25	2 500.00	400.00	200.00	100.00		3 000.00	240.00	60.00	15.00	150.00	465.00	2 535.00		2 535.00
31	车间	孔26	2 500.00	400.00	200.00	50.00		3 050.00	244.00	61.00	15.25	152.50	472.75	2 577.25		2 577.25
32	车间	孔27	2 500.00	400.00	200.00			3 100.00	248.00	62.00	15.50	155.00	480.50	2 619.50		2 619.50
33	车间	杨28	2 500.00	300.00	200.00	50.00		2 950.00	236.00	59.00	14.75	147.50	457.25	2 492.75		2 492.75
34	车间	杨29	2 500.00	300.00	200.00			3 000.00	240.00	60.00	15.00	150.00	465.00	2 535.00		2 535.00
35	车间	杨30	2 500.00	300.00	200.00			3 000.00	240.00	60.00	15.00	150.00	465.00	2 535.00		2 535.00
36	车间	杨31	2 500.00	300.00	200.00			3 000.00	240.00	60.00	15.00	150.00	465.00	2 535.00		2 535.00
37	车间	梁32	2 500.00	300.00	200.00			3 000.00	240.00	60.00	15.00	150.00	465.00	2 535.00		2 535.00
合计			121 000.00	18 700.00	11 500.00	450.00	148.00	150 602.00	12 048.16	3 012.04	753.01	7 530.10	23 343.31	127 258.94	380.61	126 878.33

3. 分配工资费用

凭证 3

工资费用分配表

2015 年 6 月

序号	部门	应付工资总额	应借科目
1	企管科	29 200.00	管理费用
2	销售科	15 200.00	销售费用
3	财务科	13 900.00	管理费用
4	生产车间	21 000.00	制造费用
5	生产车间	71 302.00	生产成本
合计		150 602.00	

4. 缴纳本月职工社会保险。

凭证 4a

社会保险金和住房公积金计算表

2015 年 6 月 30 日 单位：元

序号	部门	应付工资总额	社会保险		住房公积金	
			个人负担部分 10.5%	企业负担部分 27.8%	个人负担部分 5%	企业负担部分 5%
1	企管科	29 200	3 066.00	8 117.60	1 460.00	1 460.00
2	销售科	15 200	1 596.00	4 225.60	760.00	760.00
3	财务科	13 900	1 459.50	3 864.20	695.00	695.00
4	车间管理部门	21 000	2 205.00	5 838.00	1 050.00	1 050.00
5	生产车间	71 302	7 486.71	19 821.96	3 565.10	3 565.10
合计		150 602	15 813.21	41 867.36	7 530.10	7 530.10

凭证 4b

山东省社会保险基金专用票据

流水号： 2015 年 6 月 30 日 No. 5566767

缴款人：任兴炊具有限公司 经济类别： 校验码：2032945

收费项目	起始年月	终止年月	人数	单位缴额（元）	个人缴纳额（元）	滞纳金（元）	利息（元）	合计（元）
基本养老保险费	201506	201506	41	27 108.36	12 048.16			39 156.52
基本医疗保险费	201506	201506	41	10 542.14	3 012.04			13 554.18
失业保险费	201506	201506	41	1 506.02	753.01			2 259.03
工伤保险费	201506	201506	41	1 204.82				1 204.82
生育保险费	201506	201506	41	1 506.02				1 506.02
金额合计（大写）： 伍万柒仟陆佰捌拾元零伍角柒分						（小写）： ￥57 680.57		

收款单位盖章： 财务复核人：郭雷 业务复核人：吴山 经办人：肖梅

凭证 4c

中国建设银行
转账支票存根
编号：0236112280
出票日期：2015 年 6 月 30 日

| 收款人：任城区社保局 |
| 金额：￥44 373.60 |
| 用途：社保基金 |
| 单位主管：　　　会计： |

5. 缴纳本月职工住房公积金。

凭证 5a

住房公积金汇(补)缴书

2015 年 6 月 30 日　　附清册　　张　　No. 0047432

收款单位	全称	济宁市住房公积金管理中心	缴款单位	全称	任兴橱柜有限责任公司										
	公积金账号			账号	322973										
	开户银行	建设银行洸河路支行		开户银行	建设银行洸河路支行										
科目			汇缴		补缴			年		月					
金额（人民币大写）	壹万伍仟零陆拾元贰角整				千	百	十	万	千	百	十	元	角	分
							￥	1	5	0	6	0	2	0
上月汇缴		本月增加汇缴		月减少汇缴			本月汇缴								
人数	金额	人数	金额	人数	金额		人数				金额				
银行盖章															

第一联　银行盖章后退缴款单位记账（受理证明）

凭证 5b

中国建设银行
转账支票存根
编号：0236112280
出票日期：2015 年 6 月 30 日

| 收款人：济宁住房公积金管理中心 |
| 金额：￥15 060.20 |
| 用途：公积金 |
| 单位主管：　　　会计： |

6. 根据工资结算表，计算并代扣代缴个人所得税。

凭证 6

个人所得税代缴代扣计算表

2015 年 6 月

项目	金额	代扣部门
个人所得税	380.61	财务科

三、要求

(一)会计手工业务

1. 根据上述经济业务，编制记账凭证。
2. 根据记账凭证，编制"科目汇总表"，根据"科目汇总表"，登记总账。

(二)会计电算化业务

1. 根据"会计信息化实训资料"要求，建立账套，结合上述业务，完成转账生成、记账、审核等工作；
2. 采用期间损益结转自动转账功能结转损益类账户本月发生额；
3. 生成或编制资产负债表和利润表。

四、实习准备

1. 会计手工工具

(1)会计凭证：付款凭证 4 张，转账凭证 2 张，或者记账凭证 6 张。

(2)科目汇总表 1 张。

(3)总账账页若干张。

2. 会计电算化工具

会计软件一套。

任 务 四 存货业务

一、目的

通过存货业务的练习，使学生掌握企业存货业务的会计处理和有关总账、明细账的登记方法。

二、资料

任兴橱柜有限责任公司为一般纳税人，原材料采用实际成本核算，一般出库材料按全月一次加权平均法计算成本，周转材料采用一次摊销法核算。6月份发生有关采购业务如下：

1. 2015 年 6 月 12 日，从济宁东方钢材有限公司购入 301#钢板 5 000 千克，单价 3 元，

增值税税率为17%，专用发票所列增值税2550元；另外，支付运输部门运费500元，取得货物运输业增值税专用发票，税率11%，装卸费200元，材料款和运费开出转账支票支付，装卸费用现金支付，材料已入库。

凭证 1a

<table>
<tr><td colspan="6" align="center">山东省增值税专用发票</td><td colspan="3" align="right">No. 0004421</td></tr>
<tr><td colspan="6">（发票联　购货方记账凭证）　开票日期：2015 年 6 月 12 日</td><td colspan="3"></td></tr>
<tr><td rowspan="4">购货单位</td><td>名　　称：</td><td colspan="4">任兴橱柜有限责任公司</td><td rowspan="4">密码区</td><td colspan="2" rowspan="4"></td></tr>
<tr><td>纳税人识别号：</td><td colspan="4">370802196230148831488</td></tr>
<tr><td>地址、电话：</td><td colspan="4">任兴路 - 3229738</td></tr>
<tr><td>开户行及账号：</td><td colspan="4">工商银行洸河路支行 - 322973</td></tr>
<tr><td>货物或应税劳务名称</td><td>规格型号</td><td>单位</td><td>数量</td><td>单价</td><td>金　额</td><td>税　率</td><td colspan="2">税　额</td></tr>
<tr><td>钢板</td><td>301</td><td>千克</td><td>5000</td><td>3.00</td><td>15 000.00</td><td>17%</td><td colspan="2">2550.00</td></tr>
<tr><td>合　　计</td><td></td><td></td><td></td><td></td><td>15 000.00</td><td></td><td colspan="2">2550.00</td></tr>
<tr><td colspan="2">价税合计（大写）</td><td colspan="3">壹万柒仟伍佰伍拾元正</td><td colspan="2">（小写）￥17550.00</td><td colspan="2"></td></tr>
<tr><td rowspan="4">销货单位</td><td>名　　称：</td><td colspan="4">济宁东方钢材有限公司</td><td rowspan="4">备注</td><td colspan="2" rowspan="4"></td></tr>
<tr><td>纳税人识别号：</td><td colspan="4">000013560044044</td></tr>
<tr><td>地址、电话：</td><td colspan="4">洸河路</td></tr>
<tr><td>开户行及账号：</td><td colspan="4">工商银行洸河路支行 - 2358888</td></tr>
<tr><td colspan="2">收款人：东方朔</td><td colspan="2">复核：刘超</td><td colspan="2">开票人：苏畅</td><td colspan="3">销货单位：（章）</td></tr>
</table>

凭证 1b

中国工商银行

转账支票存根

编号：0004335413

出票日期：2015 年 6 月 12 日

收款人：	济宁东方钢材有限公司
金额：	￥17 550.00
用途：	材料货款
单位主管：	会计：

凭证 1c

<table>
<tr><td colspan="6" align="center">山东省货物运输业增值税专用发票</td><td colspan="3" align="right">No. 000413</td></tr>
<tr><td colspan="6">发票联　开票日期：2015 年 6 月 12 日</td><td colspan="3"></td></tr>
<tr><td colspan="2">承运人及纳税人识别号</td><td>名　　称：</td><td colspan="3">济宁万通运输有限公司</td><td rowspan="2">密码区</td><td colspan="2" rowspan="2"></td></tr>
<tr><td colspan="2"></td><td>纳税人识别号：</td><td colspan="3">×××××××××××</td></tr>
<tr><td colspan="2">实际受票方及纳税人识别号</td><td colspan="4">任兴橱柜有限责任公司
纳税人识别号：370802196230148831488</td><td colspan="3"></td></tr>
<tr><td colspan="2">收货人及纳税人识别号</td><td colspan="2">任兴橱柜有限责任公司
纳税人识别号：3082196107143018</td><td colspan="2">发货人及纳税人识别号</td><td colspan="3">济宁东方钢材有限公司
纳税人识别号：×××××××××××</td></tr>
<tr><td colspan="2">起运地、经由、到达地</td><td colspan="2"></td><td colspan="2">济宁中区——任城区</td><td colspan="3"></td></tr>
<tr><td colspan="2">费用项目及金额</td><td>费用项目
运费</td><td>金额
500.00</td><td>费用项目</td><td>金额</td><td colspan="2">运输货物信息</td><td></td></tr>
<tr><td colspan="2">合计金额</td><td colspan="2">500.00</td><td>税额</td><td>55.00</td><td colspan="2"></td><td>机器编号</td></tr>
<tr><td colspan="2">价税合计（大写）</td><td colspan="4">伍佰伍拾伍元整　000013560044033</td><td colspan="2">（小写）￥555.00</td><td></td></tr>
<tr><td colspan="2">车种车号</td><td colspan="4"></td><td>车船吨位</td><td colspan="2">备注</td></tr>
<tr><td colspan="2">主管税务机关及代码</td><td colspan="4"></td><td></td><td colspan="2"></td></tr>
<tr><td colspan="2">收款人：路遥</td><td colspan="2">复核：马千里</td><td colspan="2">开票人：杨承群</td><td colspan="3">承运人：（章）</td></tr>
</table>

凭证 1d

万通运输公司收据

2015 年 6 月 12 日

收款人：**万通运输公司**
今收到：**任兴橱柜有限责任公司装卸费**
人民币：**贰佰元整** ￥200.00

现金付讫

之张印明

用途：301 钢板装卸费

单位盖章：供应科　　会计：刘思雨　　出纳：钱贵　　经手人：张明之

凭证 1e

任兴橱柜有限责任公司材料验收单

材料科目：原材料

供应单位：济宁东方钢材有限公司　　　　2015 年 6 月 12 日　　　　收料仓库：2

材料名称	计量单位	数量		实际成本						备注
		应收	实收	买价		运杂费用	其他	合计	单位成本	
				单价	金额					
301 钢板	千克	5 000	5 000	3.00	15 000.00	700	—	15 700.00	3.14	
合计	千克	5 000	5 000	3.00	15 000.00	700		15 700.00	3.14	

记账：蔡文彬　　　　收料：阙守元　　　　制单：韩兴贤

---

2. 2015 年 6 月 13 日，从东方钢材有限公司购入 303 圆钢 5 000 千克，单价 3 元，收到对方开具的增值税专用发票上注明的价款为 15 000 元，增值税税额 2 550 元，款项尚未支付，装卸费 500 元用现金支付。

凭证 2a

山东省增值税专用发票

No. 00000421

（发票联　购货方记账凭证）开票日期：2015 年 6 月 13 日

| 购货单位 | 名　称：任兴橱柜有限责任公司
纳税人识别号：37080219623014883l488
地址、电话：任兴路 - 3229738
开户行及账号：工商银行洮河路支行 - 322973 | 密码区 | |
| | | | |

货物或应税劳务名称	规格型号	单位	数量	单价	金额	税率	税额
圆钢	303	千克	5 000	3.00	15 000.00	17%	2 550.00
合　计					15 000.00		2 550.00

价税合计（大写）　壹万柒仟伍佰伍拾元正　　　　（小写）￥17550.00

| 销货单位 | 名　称：济宁东方钢材有限公司
纳税人识别号：370XXXXXXXXXX9X
地址、电话：洮河路 666 号 25866666
开户行及账号：工商银行洮河路支行 - 2358888 | 备注 |
| | | |

收款人：东方朔　　复核：刘超　　开票人：苏畅　　销货单位：（章）

第三联　发票联　购货方记账凭证

凭证 2b

万通运输公司收据

2015 年 6 月 13 日

收款人：**万通运输公司**

今收到：**任兴橱柜有限责任公司装卸费**

人民币：**伍佰元整　￥500.00**

现金付讫

之张印明

用途：303 圆钢运费

| 单位盖章：蔡文彬 | 会计：刘思雨 | 出纳：钱贵 | 经手人：张明之 |

凭证 2c

任兴橱柜有限责任公司材料验收单

材料科目：原材料

供应单位：济宁东方钢材有限公司　　　　2015 年 6 月 13 日　　　　收料仓库：2

材料名称	计量单位	数量		实际成本						备注
		应收	实收	买价		运杂费用	其他	合计	单位成本	
				单价	金额					
303 圆钢	千克	5 000	5 000	3.00	15 000.00	500	—	15 500.00	3.10	
合计	千克	5 000	5 000	3.00	15 000.00	500	—	15 500.00	3.10	

记账：韩兴贤　　　　收料：阚守元　　　　制单：蔡文彬

---

3. 2015 年 6 月 14 日，从济宁东方钢材有限公司购入 304 角钢 5 000 千克，单价 4 元，收到对方开具的增值税专用发票上注明的价款为 20 000 元，增值税税额 3 400 元，运费 500 元，款项已通过银行存款支付。

凭证 3a

山东省增值税专用发票

No. 0000431

（发票联　购货方记账凭证）开票日期：2015 年 6 月 14 日

| 购货单位 | 名　　称：任兴橱柜有限责任公司
纳税人识别号：37080219623014883148B
地址、电话：任兴路 - 3229738
开户行及账号：工商银行洸河路支行 - 322973 | 密码区 | |

货物或应税劳务名称	规格型号	单位	数量	单价	金额	税率	税额
角钢	304	千克	5 000	4.00	20 000.00	17%	3 400.00
合　计					20 000.00		3 400.00

| 价税合计（大写） | 贰万叁仟肆佰元正 | （小写）￥23400.00 | |

| 销货单位 | 名　　称：济宁东方钢材有限公司
纳税人识别号：37080332434888999X
地址、电话：洸河路 666 号 - 2866666
开户行及账号：工商银行洸河路支行 - 2358888 | 备注 | |

发票专用章　0000135600460 44

| 收款人：东方朔 | 复核：刘超 | 开票人：苏畅 | 销货单位：（章） |

凭证 3b

中国工商银行
转账支票存根

编号：43882333356
出票日期：2015 年 6 月 14 日

收款人：	济宁东方钢材有限公司
金额：	￥23 400.00
用途：	材料货款

单位主管：　　　会计：

凭证 3c

万通运输公司收据

2015 年 6 月 14 日

收款人：**万通运输公司**

今收到：**任兴橱柜有限责任公司运费**

人民币：**伍佰元整** .　　　**￥500.00**

转账付讫

用途：**角钢运费**

单位盖章：供应科　会计：刘思雨　出纳：钱贵　经手人：张明之

3d

中国工商银行
转账支票存根

编号：55993424435
出票日期：2015 年 6 月 14 日

收款人：	万通运输公司
金额：	￥500.00
用途：	角钢运费

单位主管：　　　会计：

4. 2015 年 6 月 15 日，从济宁海天物资有限公司购入机油 100 千克，单价 4 元；润滑油 100 千克，单价 4.2 元；棉纱 5 千克，单价 20 元。收到对方开具的增值税专用发票上注明的价款 920 元，增值税税额 156.4 元，款项通过转账支票支付。

凭证 4a

山东省增值税专用发票　　　　No. 0000441

（发票联　购货方记账凭证　票日期：2015 年 6 月 15 日

购货单位	名　　称：	任兴橱柜有限责任公司					密码区	
	纳税人识别号：	370802196230148831488						
	地址、电话：	任兴路－3229738						
	开户行及账号：	工商银行洸河路支行－322973						

货物或应税劳务名称	规格型号	单　位	数　量	单　价	金　额	税　率	税　额
机油	略	千克	100	4.00	400.00	17%	68.00
润滑油		千克	100	4.20	420.00	17%	71.40
棉纱			5	20.00	100.00	17%	17.00
合　　计					920.00		156.40

价税合计（大写）	壹仟零柒拾陆元肆角正	（小写）￥1 076.40

销货单位	名　　称：	济宁海天物资有限公司	备注
	纳税人识别号：	3708042434454545544	
	地址、电话：	海天路 2 号－2032133	
	开户行及账号：	建设银行海天路支行－2323443556	

收款人：夏天　　复核：张林玲　　开票人：吴春　　销货单位：（章）

第三联 发票联 购货方记账凭证

凭证 4b

中国工商银行
转账支票存根

编号：0000000442

出票日期：2015 年 6 月 15 日

收款人：	济宁海天物资有限公司
金额：	￥1 076.40
用途：	辅助材料货款
单位主管：	会计：

凭证 4c

任兴橱柜有限责任公司材料入库单

材料科目：辅助材料

供应单位：济宁海天物资有限公司　　　　　　2015 年 6 月 15 日　　　　　　收料仓库：3

材料名称	计量单位	数量		实际成本						备注
		应收	实收	买价		运杂费用	其他	合计	单位成本	
				单价	金额					
机油	千克	100	100	4.00	400.00		—	400.00	4.00	
润滑油	千克	100	100	4.20	420.00			420.00	4.20	
棉纱	千克	5	5	20.00	100.00			100.00	20.00	
合计	千克	205	205		920.00			920.00		

记账：韩兴贤　　　　　　收料：阚守元　　　　　　制单：蔡文彬

5. 2015 年 6 月 15 日，从济南同方模具有限公司购进模具 1 000 千克，单价 20 元，刀具 500 千克，单价 10 元，取得增值税专用发票上注明买价为 25 000 元，增值税税额为 4 250 元，款项已通过转账支票支付，模具、刀具已验收入库。

凭证 5a

山东省增值税专用发票　　　　　　No. 00000451

（发票联　购货方记账凭证）　开票日期：2015 年 6 月 15 日

购货单位	名　称：	任兴橱柜有限责任公司					密码区	
	纳税人识别号：	370802196230148831488						
	地址、电话：	任兴路－3229738						
	开户行及账号：	工商银行洸河路支行－322973						

货物或应税劳务名称	规格型号	单位	数量	单价	金额	税率	税额
模具	略	千克	1 000	20.00	20 000.00	17%	3 400.00
刀具		千克	500	10.00	5 000.00	17%	850.00
合　计					25 000.00		4 250.00

价税合计（大写）	（小写）￥29 250.00	

销货单位	名　称：	济南同方模具有限公司	备注
	纳税人识别号：	311193－2400044	
	地址、电话：	泉城路 999 号(0531)3668899	
	开户行及账号：	光大银行泉城支行－23232435554	

收款人：张存整　　　复核：刘冬冬　　　开票人：王吉庆　　　销货单位：（章）

第三联 发票联 购货方记账凭证

凭证5b

中国工商银行
转账支票存根
编号： 55992442452
出票日期：2015 年 6 月 15 日

收款人：	济南同方模具有限公司
金额：	￥29 250.00
用途：	周转材料货款

单位主管：　　　　会计：

凭证5c

任兴橱柜有限责任公司材料验收单

材料科目：周转材料

供应单位：济南同方模具有限公司　　　　2015 年 6 月 15 日　　　　收料仓库：3

材料名称	计量单位	数量		实际成本					备注
		应收	实收	买价		运杂费用	其他	合计	单位成本	
				单价	金额					
模具	千克	1 000	1 000	20.00	20 000.00	—		20 000.00	20.00	
刀具	千克	500	500	10.00	5 000.00			5 000.00	10.00	
合计	千克	1 500	1 500		25 000.00			25 000		

记账： 韩兴贤　　　　收料： 金山　　　　制单： 蔡文彬

---

6. 2015 年 6 月 17 日，从济宁东方钢材有限公司购进 302 铝板 3 000 千克，增值税专用发票上注明价款为 12 000 元，增值税税额 2 040 元，价税款以支票付讫，料尚未运达企业。

凭证6a

山东省增值税专用发票　　　　No. 0000461

（发票联　购货方记账凭证）开票日期：2015 年 6 月 17 日

购货单位	名　称：	任兴橱柜有限责任公司				密码区		
	纳税人识别号：	37080219623014883 1488						
	地址、电话：	任兴路 - 3229738						
	开户行及账号：	工商银行洸河路支行 - 322973						

货物或应税劳务名称	规格型号	单位	数量	单价	金额	税率	税额
铝板	302	千克	3 000	4.00	12 000.00	17%	2 040.00
合计			3 000		12 000.00		2 040.00

价税合计（大写）	壹万肆仟零肆拾元正	（小写）￥14 040.00

销货单位	名　称：	济宁东方钢材有限公司	备注
	纳税人识别号：	37080332434888999X	
	地址、电话：	洸河路 666 号 - 23866666	
	开户行及账号：	工商银行洸河路支行 - 2358888	

收款人： 东方朔　　复核： 刘超　　开票人： 苏畅　　销货单位：（章）

凭证 6b

任兴橱柜有限责任公司材料验收单

材料科目：原材料

供应单位：济宁东方钢材有限公司　　　　　2015 年 6 月 17 日　　　　　收料仓库：1

材料名称	计量单位	数量		实际成本						备注
		应收	实收	买价		运杂费用	其他	合计	单位成本	
				单价	金额					
铝板	千克	3 000	3 000	4.00	12 000.00	—		12 000.00	4.00	
合计	千克	3 000	3 000	4.0	12 000.00	—		12 000.00	4.00	

记账：　蔡斌　　　　　　　　　收料：　阚守元　　　　　　　　　制单：　金山

7. 2015 年 6 月 18 日，从济宁通达包装材料有限公司购入包装木箱 100 个，单价 100 元，增值税税额 1 700 元，价税款项 11 700 元已用银行存款支付，包装木箱已验收入库。

凭证 7a

山东省增值税专用发票　　　　　　　　No. 00000471

（抵扣联　购货方记账凭证　开票日期：2015 年 6 月 18 日

购货单位	名称：	任兴橱柜有限责任公司				密码区	
	纳税人识别号：	37080219623014883 1488					
	地址、电话：	任兴路 - 3229738					
	开户行及账号：	工商银行洸河路支行 - 322973					

货物或应税劳务名称	规格型号	单位	数量	单价	金额	税率	税额
包装木箱	略	个	100	100.00	10 000.00	17%	1 700.00
合计					10 000.00		1 700.00

价税合计（大写）	壹万壹仟柒佰元正	（小写）¥ 11 700.00	

销货单位	名称：	济宁通达包装材料有限公司		备注
	纳税人识别号：	37084242424424444		
	地址、电话：	通达路 2 号 - 20322331		
	开户行及账号：	工商银行通达支行 - 324243456778		

收款人：　杨宁祥　　　复核：　蔡文姬　　　开票人：　李娜　　　销货单位：（章）

第三联 发票联 购货方记账凭证

凭证 7b

中国工商银行
转账支票存根

编号：　00000472
出票日期：2015 年 6 月 18 日

收款人：	济宁通达包装材料有限公司
金额：	¥ 11 700.00
用途：	材料货款
单位主管：　　　会计：	

凭证 7c

任兴橱柜有限责任公司材料验收单

材料科目：原材料

供应单位：济宁通达包装材料有限公司　　　　2015 年 6 月 18 日　　　　收料仓库：2

材 料 名 称	计量 单位	数 量		实 际 成 本						备注
		应 收	实 收	买 价		运杂费用	其他	合计	单位成本	
				单 价	金 额					
包装木箱	个	100	100	100.00	10 000.00		—	10 000	100.00	
合计	个	100	100	100.0	10 000.00			10 000	100.00	

记账：蔡斌　　　　　　　　　收料：阚守元　　　　　　　　　制单：金山

---

8. 2015 年 6 月 19 日，该企业收到银行转来的供电部门收费单据，支付电费 22 000 元，增值税进项税额 3 740 元。

凭证 8a

中国工商银行

转账支票存根

编号：5599324481

出票日期：2015 年 6 月 19 日

收款人：	济宁任城区供电公司
金额：	￥25 740.00
用途：	电费

单位主管：　　　　会计：

凭证 8b

山东省增值税专用发票　　　　No. 0000482

（发票联　购货方记账凭证　开票日期：2015 年 6 月 19 日

购 货 单 位	名　　　称：任兴橱柜有限责任公司					密 码 区			
	纳税人识别号：370802196230148831488								
	地址、电话：任兴路 - 3229738								
	开户行及账号：工商银行洸河路支行 - 322973								

货物或应税劳务名称	规格型号	单 位	数 量	单 价	金 额	税 率	税 额
电费	略				22 000.00	17%	3 740.00
合　　计					22 000.00		3 740.00

价税合计（大写）	贰万伍仟柒佰肆拾元正　00001356004400B		（小写）￥25 740.00

销 货 单 位	名　　　称：济宁任城区供电公司		备 注
	纳税人识别号：370802052(008		
	地址、电话：任兴路 88 号 - 2032131		
	开户行及账号：建行济宁分行 - 2032151		

收款人：赵虎　　　复核：寇天明　　　开票人：郭现亮　　　销货单位：（章）

9. 2015 年 6 月 20 日，按合同规定，向济南前进机械有限公司预付生产用切割设备款 40 000 元，已开出转帐支票支付。

凭证 9

中国工商银行
转账支票存根

编号：55993224491

出票日期：2015 年 6 月 20 日

收款人：	济南前进机械有限公司
金额：	￥40 000.00
用途：	预付设备货款

单位主管：	会计：

10. 2015 年 6 月 22 日，从济宁东方钢材有限公司购买的 302♯铝板运达企业，验收入库 3 000 千克。因结算凭证未到，货款尚未支付。月末，按暂估单价 4.20 元记账。

凭证 10

任兴橱柜有限责任公司材料验收单

材料科目：原材料

供应单位：济宁东方钢材有限公司　　　　2015 年 6 月 22 日　　　　收料仓库：2

材料 名 称	计量 单位	数　　量		实　际　成　本						备注
		应 收	实 收	买　价		运杂费用	其他	合计	单位成本	
				单 价	金 额					
铝板	千克	3 000	3 000	4.00	12 000.00	600	—	12 600	4.20	
合计	千克	3 000	3 000	4.00	12 000.00	600	—	12 600	4.20	

记账： 蔡斌　　　　　　　　收料： 阚守元　　　　　　　　制单： 金山

11. 2015 年 6 月 23 日，从济宁海天物资有限公司购进油漆 1 000 千克，普通发票上注明含税价款为 100 000 元，用银行存款支付货款，材料验收入库。

凭证 11a

山东省国家税务局通用机打发票(电子)

发票代码：13863759901

开票日期： 2015－06－23	行业分类： 商业	发票号码： 20321574111

付款方名称： 任兴橱柜有限责任公司

付款方纳税人识别号　　　3708021962301488831488

品名	规格型号	单位	数量	单价	金额
油漆		千克	1 000	100.00	100 000.00

小写金额合计： ￥100 000.00　　　　大写金额合计：　　　　人民币壹拾万元整

收款方名称： 济宁海天物资有限公司

收款方纳税人识别号： 3708024237

（手写无效）

地址、电话：

开户行及账号： 济宁银行： 5667800

开票单位（盖章有效）	开票人赵彦钦	电子发票服务网址： www.chian.shand.com

凭证 11b

任兴橱柜有限责任公司材料验收单

材料科目：原材料

供应单位：济宁海天物资有限公司　　　　　　2015 年 6 月 23 日　　　　　　收料仓库：2

材料名称	计量单位	数量		实际成本						备注
		应收	实收	买价		运杂费用	其他	合计	单位成本	
				单价	金额					
油漆	千克	1 000	1 000	100.00	100 000.00		—	100 000.00	100.00	
合计	千克	1 000	1 000	100.00	100 000.00		—	100 000.00	100.00	

记账： 韩兴贤　　　　　　　　　收料： 阚守元　　　　　　　　　制单： 蔡文彬

12. 2015 年 6 月 25 日，用预付款方式向济南前进机械有限公司采购的需要安装的生产用切割设备到货，发票价格 200 000 元，增值税税额 34 000 元，发生运费 2 600 元，取得济南顺通运输公司开出的货物运输业增值税专用发票，税率 11%，开出转账支票补付剩余货款。

凭证 12a

山东省增值税专用发票　　　　　　No. 00004121

（抵扣联　购货方记账凭证）开票日期：2015 年 6 月 25 日

购货单位	名　称：	任兴橱柜有限责任公司				密码区	
	纳税人识别号：	370802196230148831488					
	地址、电话：	任兴路－3229738					
	开户行及账号：	工商银行洸河路支行－322973					

货物或应税劳务名称	规格型号	单位	数量	单价	金额	税率	税额
设备	略	台	1	200 000.00	200 000.00	17%	34 000.00
合　计					200 000.00		34 000.00

价税合计（大写）　　　　　　　　　（小写）￥234 000.00

销货单位	名　称：	济南前进机械有限公司	备注
	纳税人识别号：	000013560044123 发票专用章	
	地址、电话：		
	开户行及账号：	工商银行泉城支行 3243545	

收款人： 方方　　　复核： 房前　　　开票人： 诸葛瑾　　　销货单位：（章）

凭证 12b

中国工商银行

转账支票存根

编号：559924122

出票日期：2015 年 6 月 25 日

收款人：	济南前进机械有限公司
金额：	￥194 000.00
用途：	设备货款
单位主管：　　　会计：	

凭证 12c

中国工商银行
转账支票存根

编号：559934123

出票日期：2015 年 6 月 25 日

收款人：	济南顺通运输公司
金额：	￥2 886.00
用途：	运费

单位主管：　　　会计：

凭证 12d

山东省货物运输业增值税专用发票

发票联

No. 00004214

开票日期：2015 年 6 月 25 日

承运人及纳税人识别号	名　　称：　济南顺通运输公司					密码区		
	纳税人识别号：3108766655							
实际受票方及纳税人识别号	任兴橱柜有限责任公司							
	纳税人识别号：370802196230148831488							
收货人及纳税人识别号	任兴橱柜有限责任公司		发货人及纳税人识别号		济南前进机械有限公司			
	纳税人识别号：370802196230148831488				纳税人识别号：31028868989			
起运地、经由、到达地			济南——济宁					
费用项目及金额	费用项目	金额	费用项目	金额		运输货物信息		
	运费	2 600.00						
合计金额	2 600.00		税额		286.00		机器编号	
价税合计（大写）	贰仟捌佰捌拾陆元整				（小写）￥2 886.00			
车种车号						备注		
主管税务机关及代码								

收款人：路遥　　复核：马千里　　开票：杨承群　　承运人：（章）

第三联 发票联 受票方记账凭证

---

13. 2015 年 6 月 25 日，从济宁海天物资有限公司购入办公桌椅 10 套，单价 800 元；稿纸 50 本，单价 10 元；计算器 10 个，单价 60 元；账本 10 本，单价 10 元。收到对方开具的普通发票，款项用转账支票支付。

凭证 13a

中国工商银行
转账支票存根

编号：5599334131

出票日期：2015 年 6 月 25 日

收款人：	济宁海天物资有限公司
金额：	￥9 200.00
用途：	材料货款

单位主管：　　　会计：

凭证 13b

山东省国家税务局通用机打发票(电子)

发票代码：13863767411

开票日期：2015-06-25	行业分类：商业				发票号码：2033407	

付款方名称：任兴橱柜有限责任公司

付款方纳税人识别号

3708021962301488831488　　008664132

品名	规格型号	单位	数量	单价	金额
办公桌椅		套	10	800.00	8 000.00
稿纸		本	50	10.00	500.00
计算器		个	10	60.00	600.00
账本		本	10	10.00	100.00

（手写无效）

小写金额合计：￥9 200.00	大写金额合计：	人民币玖仟贰佰元整

收款方名称：济宁海天物资有限公司

收款方纳税人识别号：370803131

济宁海天物资有限公司
000013560044008
发票专用章

地址、电话：

开户行及账号：

---

14. 2015 年 6 月 27 日，从本市佳佳劳保商店购买工作服 50 套，单价 100 元；耐热手套 20 副，单价 10 元，洗衣粉 10 袋，单价 12 元，收到对方开具的普通发票，款项已通过转账支票支付。

凭证 14a

中国工商银行

转账支票存根

编号：55994141

出票日期：2015 年 6 月 27 日

收款人：	济宁佳佳劳保商店
金额：	￥5 320.00
用途：	货款

单位主管：　　　会计：

凭证 14b

山东省国家税务局通用机打发票(电子)

发票代码：13863773935

开票日期： 2015-06-27	行业分类： 商业			发票号码： 2035350	

付款方名称： 任兴橱柜有限责任公司

付款方纳税人识别号

3708021962301488831488

品名	规格型号	单位	数量	单价	金额
工作服		套	50	100.00	5 000.00
耐热手套		副	20	10.00	200.00
洗衣粉		袋	10	12.00	120.00

（手写无效）

小写金额合计： ￥5 320.00	大写金额合计：	人民币伍仟叁佰贰拾元整

收款方名称： 济宁佳佳劳保商店

收款方纳税人识别号： 370802137

地址、 电话：	
开户行及账号： 齐鲁银行任兴支行 433550	
开票单位(盖章有效) 开票人李小冉	电子发票服务网址：www.chian.shand.com

凭证 14c

任兴橱柜有限责任公司材料验收单

材料科目：周转材料

供应单位：济宁佳佳劳保商店　　　　　2015 年 6 月 27 日　　　　　收料仓库：2

材料名称	计量单位	数量		实际成本						备注
		应收	实收	买价		运杂费用	其他	合计	单位成本	
				单价	金额					
工作服	套	50	50	100.00	5 000.00		—	500	100.00	
耐热手套	副	20	20	10.00	200.00		—	200.00	10.00	
洗衣粉	袋	10	10	12.00	120.00		—	120.00	12.00	
合计					5 320.00			5 320.00		

记账 韩兴贤　　　收料 阚守元　　　制单 蔡文彬

---

15. 2015 年 6 月 27 日，切割设备安装过程中，领用生产用材料圆钢 620 元，同时应负担工资费用 1 620 元。设备安装完毕交付使用。

凭证 15a

任兴橱柜有限责任公司工资结算总表

2015 年 6 月 27 日　　　　　　　　单位：元

部门人员类别		略	应 发
部门名称	人员类别		
生 产 车 间	设备安装		1 620.00
合　　计			1 620.00

凭证 15b

固定资产交接单

2015 年 6 月 27 日

移交单位	济南前进机械有限公司	接收单位	基本车间
固定资产名称	切割设备	规格	
技术特征		数量	1
附属物		品牌	
建造企业	济南前进机械有限公司	出厂或建造年月	2015 年 6 月 15 日
安装单位	济南前进机械有限公司	安装完工年月	2015 年 6 月 17 日
买价	202 600.00	安装费	1 620.00
税金	34 286.00	固定资产原始价值	204 220.00
移交单位负责人	程素珍	接收单位负责人	刘大海

凭证 15c

新增固定资产登记表

2015 年 6 月 17 日

固定资产名称	种类	单位	数量	购入日期	投入使用日期	使用部门
切割设备	设备	台	1	2015 年 6 月 15 日	2015 年 6 月 17 日	车间

16. 2015 年 6 月 30 日，分配本月应付电费 22 000 元，其中：生产车间电费 15 655 元，行政管理部门电费 6 345 元。

凭证 16

任兴橱柜有限责任公司电费分配表

2015 年 6 月 30 日 　　　　　　　　　　单位：元

部　门	度数	分配率	金额
生产车间	15 500	1.01	15 655
行政管理	6 297	1.01	6 345
合　计			22 000.00

三、要求

(一)会计手工业务

1. 根据有关经济业务，做出相关记账凭证。

2. 根据记账凭证，登记材料明细账。

3. 根据记账凭证，编制"科目汇总表"，根据"科目汇总表"，登记总账。

(二)会计电算化业务

1. 根据"会计信息化实训资料"要求，建立账套，结合上述业务，完成转账生成、记账、

审核等工作；

2. 采用期间损益结转自动转账功能结转损益类账户本月发生额；

3. 生成或编制资产负债表和利润表。

四、实习准备

1. 会计手工工具

(1)会计凭证：付款凭证 14 张，转账凭证 6 张，或者记账凭证 20 张。

(2)科目汇总表 1 张。

(3)账页：原材料总账账页 1 张、数量金额式材料明细账账页 4 张。

2. 会计电算化工具

会计软件一套。

任 务 五 加工业务

一、目的

通过本环节的练习，让学生了解生产过程的主要经济业务，掌握领用材料、计算职工工资及职工福利费、计提固定资产折旧、分配制造费用和结转完工产品成本等相关经济业务的核算。

二、资料

(一)基本资料

1. 企业情况：

任兴橱柜有限责任公司设有一个基本生产车间、一个厂部管理部门(含一个财务部门)和一个销售部门三个单位，生产 101 型橱柜、102 型橱柜两种产品。

2. 生产特点：

大批大量单步骤生产。从仓库领用不锈钢板、铝板、A 型五金配件等材料加工生产 101型橱柜产品；领用不锈钢板、铝板、B 型五金配件等材料加工生产 102 型橱柜产品。产品完工检验合格后送交成品仓库。

3. 成本核算方法：

原材料按实际成本计价核算，设置直接材料、直接人工和制造费用三个成本项目，按

品种法计算产品成本。

制造费用按产品生产工时比例分配，月末按约当产量法计算完工产品成本和在产品成本。

周转材料摊销采用一次摊销法；月综合折旧率 0.5%。

4. 2015 年 6 月 101 型橱柜投产 10 套，本月完工 10 套；102 型橱柜投产 6 套，本月完工 5 套，月末在产品 1 套，完工程度 60%。月初库存 101 型橱柜投产 20 套；102 型橱柜 16 套。

5. 101 型橱柜、102 型橱柜两种产品所耗用原材料一次领用，其他费用逐步发生。

6. 2015 年 6 月 101 型橱柜产品实际耗用工时 5 000 小时，102 型橱柜产品实际耗用工时 2 000 小时。

7. 2015 年 6 月各单位用电量分别为：

基本生产车间 5 700 度、厂管理部门 200 度、销售部门 100 度；电费单价 0.5 元/度(车间照明用电，忽略不计)。

8. 2015 年 6 月各单位用水量分别为：

基本生产车间 80 吨(车间管理用)、厂管理部门 6 吨、销售部门 4 吨；水费单价 4.5 元/吨。

(二)2015 年 6 月发生的与产品成本有关的经济业务及其有关原始凭证

1. 2015 年 6 月 1 日，基本生产车间生产 101 型橱柜和 102 型橱柜领用材料。(领料单 01 号)

(1)生产 101 橱柜领用不锈钢板 900 千克，单价 20 元；领用铝板 600 千克，单价 15 元；领用 A 型五金配件 5 套，单价 600 元。

(2)生产 102 橱柜领用不锈钢板 144 千克，单价 20 元；领用铝板 96 千克，单价 15 元；领用 B 型五金配件 1 套，单价 480 元。

凭证 1

领 料 单

No：0511

领用部门：基本生产车间　　　　　　2015 年 6 月 1 日

编号	名称	型号及规格	单位	数量		实际价格	
				请领	实领	单价	总价
	不锈钢板		千克	1 044	1 044	20	20 880
	铝板		千克	696	696	15	10 440
	A 型五金配件		套	5	5	600	3 000
	B 型五金配件		套	1	1	480	480
用途	生产 101 型橱柜和 102 型橱柜						

材料负责人　　　　发料人：阚守元　　　　领料负责人：李华　　　　领料人：

二财务科核算

----

2. 2015 年 6 月 2 日，基本生产车间领用手套、洗衣粉等劳保用品。(领料单 02 号)

领用手套 10 副，单价 15 元；领用洗衣粉 2 袋，单价 25 元。

凭证 2

领　料　单

No：0521

领用部门：基本生产车间　　　　　　　2015 年 6 月 2 日

编号	名称	型号及规格	单位	数量		实际价格		二财务科核算
				请领	实领	单价	总价	
	手套		副	10	10	15	150	
	洗衣粉		袋	2	2	25	50	
用途	领用劳保用品							

材料负责人　　　　　发料人　　　　　　领料负责人　　　　　领料人

3. 2015 年 6 月 3 日基本生产车间一般消耗领用材料。(领料单 03 号)

领用润滑油 3 千克，单价 30 元；领用棉纱 2 千克，单价 20 元；领用夹具 4 个，单价 38.5 元。

凭证 3

领　料　单

No：0531

领用部门：基本生产车间　　　　　　　2015 年 6 月 3 日

编号	名称	型号及规格	单位	数量		实际价格		二财务科核算
				请领	实领	单价	总价	
	润滑油		千克	3	3	30	90	
	棉纱		千克	2	2	20	40	
	夹具		个	4	4	38.5	154	
用途	车间一般消耗							

材料负责人　　　　　发料人　　　　　　领料负责人　　　　　领料人

4. 2015 年 6 月 4 日，基本生产车间生产 101 型橱柜和 102 型橱柜领用材料。(领料单 04 号)

(1)生产 101 橱柜领用不锈钢板 360 千克，单价 20 元；领用铝板 240 千克，单价 15 元；领用 A 型五金配件 2 套，单价 600 元。

(2)生产 102 橱柜领用不锈钢板 432 千克，单价 20 元；领用铝板 288 千克，单价 15 元；领用 B 型五金配件 3 套，单价 480 元。

凭证 4

领　料　单

No：0541

领用部门：基本生产车间　　　　　　　2015 年 6 月 4 日

编号	名称	型号及规格	单位	数量		实际价格		二财务科核算
				请领	实领	单价	总价	
	不锈钢板		千克	792	792	20	15 840	
	铝板		千克	528	528	15	7 920	
	A 型五金配件		套	2	2	600	1 200	
	B 型五金配件		套	3	3	480	1 440	
用途	生产 101 型橱柜和 102 型橱柜							

材料负责人　　　　　发料人　　　　　　领料负责人　　　　　领料人

5. 2015 年 6 月 5 日，车间维修机器领用部件。(领料单 05 号)

领用安全阀 4 个，单价 188.85 元。

凭证 5

领　料　单

No：0551

领用部门：基本生产车间　　　　　　　　2015 年 6 月 5 日

编号	名称	型号及规格	单位	数量		实际价格	
				请领	实领	单价	总价
	安全阀		个	4	4	188.85	755.4
用途	维修机器						

二　财务科核算

材料负责人　　　　　发料人：阚守元　　　　　领料负责人：　　　　　领料人：孙宝

6. 2015 年 6 月 16 日，5 套 101 型橱柜产品完工入库。

凭证 6

库存商品入库单

交库部门：基本生产车间　　　　　　　2015 年 6 月 16 日　　　　　　　No：5101

产品名称	规格	单位	送检数量	检验结果		实收数量	备注
				合格	不合格		
101 型橱柜		套	5	5	0	5	

三　记账

检验员：　　　　　仓库保管：　　　　　车间负责人：　　　　　制单：

7. 2015 年 6 月 17 日，基本生产车间生产 101 型橱柜和 102 型橱柜领用材料。(领料单 06 号)

(1)生产 101 橱柜领用不锈钢板 540 千克，单价 20 元；领用铝板 360 千克，单价 15 元；领用 A 型五金配件 3 套，单价 600 元。

(2)生产 102 橱柜领用不锈钢板 288 千克，单价 20 元；领用铝板 192 千克，单价 15 元；领用 B 型五金配件 2 套，单价 480 元。

凭证 7

领　料　单

No：0571

领用部门：基本生产车间　　　　　　　　2015 年 6 月 17 日

编号	名称	型号及规格	单位	数量		实际价格	
				请领	实领	单价	总价
	不锈钢板		千克	828	828	20	16 560
	铝板		千克	552	552	15	8 280
	A 型五金配件		套	3	3	600	1 800
	B 型五金配件		套	2	2	480	960
用途	生产 101 型橱柜和 102 型橱柜						

二　财务科核算

材料负责人　　　　　发料人　　　　　领料负责人　　　　　领料人

8. 2015 年 6 月 18 日，以银行存款支付车间机器清洁保养费 300 元(服务发票)。

凭证 8a

中国工商银行
转账支票存根
VIIII 07325516

科　　目：_____
对方科目：_____
出票日期：2015 年 6 月
18 日

| 收款人：济东建筑公司 |
| 金额：￥300.00 |
| 用途：设备保养 |

单位主管：

会计：

凭证 8b

山 东 省 普 通 发 票

发票联

购货单位：任兴橱柜有限责任公司　　　　2015 年 6 月 18 日

品名及规格	货物或劳务名称	单位	数量	单价	金额						
					万	千	百	十	元	角	分
	清洁保养费					￥	3	0	0	0	0
	000013560044008										
						￥	3	0	0	0	0

开票单位盖章　　　　复核人　　　　收款人　　　　开票人：李华

②付款方报销凭证

9. 2015 年 6 月 20 日，根据水电费分配表支付本月水电费，并进行发票结转。(水电费分配表、水电费发票)

凭证 9a

山东省增值税专用发票　　　　No. 00435591

(发票联　购货方记账凭证)　　　开票日期：2015 年 6 月 20 日

购货单位	名　　称：	任兴橱柜有限责任公司		密码区	
	纳税人识别号：	370802196230148831488			
	地址、电话：	任兴路 - 3229738			
	开户行及账号：	工商银行洸河路支行 - 322973			

货物或应税劳务名称	规格型号	单位	数量	单价	金额	税率	税额
工业用电		台	6 000	0.5	3 000.00	17%	510.00
合　　计							

| 价税合计(大写) | 叁仟伍佰壹拾元整 | (小写)￥3 510.00 |

销货单位	名　　称：	济宁供电所		备注	
	纳税人识别号：	3708023144444			
	地址、电话：	任兴路 88 号 - 2232973			
	开户行及账号：	工商银行任兴路支行 - 2232933			

收款人：周虎　　　复核：李燕　　　开票人：崔天凯　　　销货单位：(章)

凭证 9b

中国工商银行
转账支票存根
VIIII 07325592

科　　目：＿＿＿＿＿＿＿
对方科目：＿＿＿＿＿＿＿
出票日期：2015 年 6 月 20 日

收款人：	济宁供电所
金额：	￥3 510.00
用途：	电费

单位主管：　　　会计：

凭证 9c

山东省增值税专用发票　　　　No.000000592

（发票联　购货方记账凭证）　开票日期：2015 年 6 月 20 日

购货单位	名　　　　称：任兴橱柜有限责任公司						密码区	
	纳税人识别号：37080219623014883148							
	地址、电话：任兴路－3229738							
	开户行及账号：工商银行洸河路支行－322973							
货物或应税劳务名称	规格型号	单位	数量	单价	金额	税率	税额
自来水		吨	90	4.5	405.00	13%	52.65
合　　计							
价税合计(大写)	肆佰伍拾柒元陆角伍分			（小写）￥457.65			
销货单位	名　　　　称：济宁供水公司						备注	
	纳税人识别号：370804244223							
	地址、电话：共青团路－2232970							
	开户行及账号：							

收款人：孙三　　　复核：郭宁梅　　　开票人：李尚华　　　销货单位：（章）

凭证 9d

中国工商银行
转账支票存根
VIIII 07332448

科　　目：＿＿＿＿＿＿＿
对方科目：＿＿＿＿＿＿＿
出票日期：2015 年 6 月 20 日

收款人：	济宁供水公司
金额：	￥457.65
用途：	水费

单位主管：　　　会计：

凭证 9e

电费分配表

年　月　日

部　门	用电量(度)	电费分配率(元)	电费分配金额合计(元)
合　计			

复核：　　　　　　　　　制表：

凭证 9f

水费分配表

年　月　日

部　门	用水量(吨)	水费分配率(元)	水费分配金额合计(元)
合　计			

复核：　　　　　　　　　制表：

---

10. 2015 年 6 月 21 日，3 套 102 型橱柜产品完工入库。

凭证 10

库存商品入库单

交库单位：基本生产车间　　　　　　年　月　日　　　　　　编号：5111

产品名称	型号规格	计量单位	交付数量	检验结果		实收数	备注
				合格	不合格		
102 型橱柜		套	3	3	0		

生产车间：　　　　　　　　　检验人：　　　　　　　　　仓库经收：

11. 工资结算汇总表

凭证 11a

工资结算汇总表

2015 年 6 月 30 日

人员编号	姓名	部门	人员类别	基本工资	奖励工资	合计
1001	刘大海	企管办	管理人员	3 200	300	3 500
1002	刘大江	企管办	管理人员	3 200	300	3 500
1003	阚守元	企管办	管理人员	2 000	500	2 500
1004	刘大河	企管办	管理人员	3 000	1 000	4 000
2001	金山	财务部	管理人员	1 500	500	2 000
2002	蔡文彬	财务部	管理人员	1 500	500	2 000
2003	韩兴贤	财务部	管理人员	2 000	500	2 500
3001	张明之	采购部	管理人员	2 000	1 000	3 000
小计				18 400	4 600	23 000
4001	钱多多	销售部	经营人员	2 000	1 000	3 000
小计				2 000	1 000	3 000
5001	金鑫鑫	生产一班	车间管理人员	2 000	1 000	3 000
5004	王然然	生产二班	车间管理人员	3 000	1 000	4 000
小计				5 000	2 000	7 000
5002	王二妮	生产一班	生产工人	3 100	400	3 500
5003	李华	生产一班	生产工人	3 200	400	3 600
5005	朱德粮	生产一班	生产工人	3 200	400	3 600
5006	张英	生产二班	生产工人	3 000	500	3 500
5007	周晓梅	生产二班	生产工人	3 100	400	3 500
5008	孙宝	生产二班	生产工人	3 000	500	3 500
5009	付元帅	生产二班	生产工人	3 100	400	3 500
小计				21 700	3 000	24 700
合计				47 100	10 600	57 700

凭证 11b

```
        中国工商银行
        现金支票存根
Ⅵ Ⅲ 07325112
科    目：_____
对方科目：_____
出票日期：2015 年 6 月 30 日
┌─────────────────────┐
│ 收款人：             │
│                     │
│ 金额： ￥57 700.00   │
│                     │
│ 用途： 发放工资      │
└─────────────────────┘
单位主管：    会计：
```

12. 2015 年 6 月 30 日，根据工资结算汇总表分配工资费用。（工资分配表）

凭证 12

工资分配表

年　　月

车间部门 应借账户		基本生产车间				厂部管理部门	销售部门	合计
		生产工人			管理人员			
		生产工时	分配率	分配金额				
合计								

13. 2015 年 6 月 30 日，按工资总额 14% 提取职工福利费。（福利费分配表）

凭证 13

福利费分配表

年　　月

车间部门 应借账户		基本生产车间				厂部管理部门	销售部门	合计
		生产工人			管理人员			
		生产工时	分配率	分配金额				

14. 2015 年 6 月 30 日，结转社会保险金(12%)。

凭证 14

社会保险金分配表

年　　月

车间部门 应借账户	基本生产车间				厂部管理部门	销售部门	合计
	生产工人			管理人员			
	生产工时	分配率	分配金额				
生产 成本							
小计							

15. 2015 年 6 月 30 日，5 套 101 型橱柜完工入库，5 套 102 型橱柜完工入库。

凭证 15

库存商品入库单

年　　月　　日

交库部门：　　　　　　　　　　　　　　　　　　　　　　　　　　　编号：5121

产品名称	规格	单位	送检数量	检验结果		实收数量	备注
				合格	不合格		
101 型橱柜		套	5	5	0	5	

三联记账

检验员：　　　　　仓库保管：　　　　　车间负责人：　　　　　制单：

16. 2015 年 6 月 30 日，根据固定资产折旧计算表计提当月折旧费。

凭证 16

固定资产折旧计算表

年　　月　　日　　　　　　　　　　　　　　　　单位：元

使用单位	固定资产类别	月初应计折旧 固定资产原值	月综合 折旧率(%)	月折旧额
基本生产车间	房屋及建筑物	100 000		
	机器设备	180 000		
	小　计	280 000		
厂部管理部门	房屋及建筑物	700 000		
	电子设备及其他通讯设备	300 000		
	小　计	100 000		
销售部门	房屋及建筑物	30 000		
	电子设备及其他通讯设备	10 000		
	小　计	40 000		
合　计	——	——	——	

17. 2015 年 6 月 30 日，分配材料费用。（耗用材料分配表）

凭证 17

耗用材料分配表
年　月　日

		直接耗用材料									共同耗用材料	合计
		数量	单价	金额	数量	单价	金额	数量	单价	金额		
生产成本												
	小计											
制造费用												
合计												

18. 2015 年 6 月 30 日，根据制造费用账户记录，按生产工时比例分配转入生产成本账户。（制造费用分配表）

凭证 18

制造费用分配表
年　月　日

产品名称	分配标准（生产工时）	分配率	分配金额
合计			
备注			

复核：　　　　　　　　　　制表：

19. 2015 年 6 月 30 日，编制产成品成本汇总表。（产品产量统计表、完工产品成本计算表）

凭证 19a

产品产量统计表
年　月　日

产品	单位	月初在产品	本月投产	本月完工	月末在产品	
					数量	完工程度

凭证 19b

产成品计算表

在产品完工程度：
在产品投料程度：　　　　　　　年　月　日　　　　　　　本月完工数量：
产品名称：　　　　　　　　　单位：　　　　　　　　　　月末在产品数量：

项　目		直接材料	直接人工	制造费用	合计
月初在产品费用					
本月生产费用					
生产费用累计					
约当产量	完工产品产量				
	月末在产品约当产量				
分配率					
完工产品总成本					
完工产品单位成本					
月末在产品成本					

凭证 19c

产成品计算表

在产品完工程度：
在产品投料程度：　　　　　　　年　月　日　　　　　　　本月完工数量：
产品名称：　　　　　　　　　单位：　　　　　　　　　　月末在产品数量：

项　目		直接材料	直接人工	制造费用	合计
月初在产品费用					
本月生产费用					
生产费用累计					
约当产量	完工产品产量				
	月末在产品约当产量				
分配率					
完工产品总成本					
完工产品单位成本					
月末在产品成本					

凭证 19d

产成品成本汇总表

年　月　日

产品名称	计量单位	数量	直接材料	直接人工	制造费用	合计	
						单位成本	总成本
合计							

三、要求

(一)会计手工业务

1. 根据上述经济业务，编制完成相关原始凭证，编制记账凭证；
2. 根据记账凭证，登记、生产成本明细账、制造费用明细账和库存商品明细账；
3. 根据记账凭证，编制"科目汇总表"，根据"科目汇总表"，登记总账。

(二)会计电算化业务

1. 根据"会计信息化实训资料"要求，建立账套，结合上述业务，编制完成相关原始凭证，完成转账生成、记账、审核等工作；
2. 采用期间损益结转自动转账功能结转损益类账户本月发生额；
3. 生成或编制资产负债表和利润表。

四、实习准备

1. 会计手工工具

(1)会计凭证：付款凭证 3 张，转账凭证 10 张，或者记账凭证 13 张。

(2)科目汇总表 1 张。

(3)账页：库存商品总账账页 1 张、数量金额式库存商品明细账账页 2 张。

2. 会计电算化工具

会计软件一套。

任务六　期间费用业务

一、目的

通过本模块的实训，使学生掌握期间费用业务的会计处理方法。

二、资料

1. 2015 年 6 月 2 日，任兴橱柜有限责任公司以转账支票支付广告费 18 500 元。

凭证 1a

中国工商银行
转账支票存根
支票号码 XXI1122233
科　　目：＿＿＿＿＿＿
对方科目：＿＿＿＿＿＿
出票日期：2015 年 6 月 2 日

| 收款人：济宁天天广告公司 |
| 金额：￥18 500.00 |
| 用途：支付广告费 |
| 备注 |

单位主管：　　　　会计：

凭证 1b

山东省广告行业统一收费收据

2015 年 6 月 2 日

交款单位	任兴橱柜有限责任公司	支付方式	支票
金额大写（人民币合计）壹万 捌 仟 伍 佰 零 拾 零 元 零 角 零 分　￥18 500.00			
收费项目	广告制作、发布	许可证号	
收费标准		计费基数	
备　　注		收款单位	

会计主管：吴淼　　　出纳：张雯　　　制单：

2. 2015 年 6 月 3 日，任兴橱柜有限责任公司专设销售机构（售后服务网点）从仓库领用一批周转材料（办公用具），实际成本为 20 680 元。该批周转材料采用一次摊销法。

凭证 2

济宁任城橱柜有限公司出库单

发货仓库：周转材料仓库　　　　　　　　　　　　　　　　　第 96 号
提货单位：专设销售机构（售后服务网点）　2015 年 6 月 3 日

类别	编号	名称型号	单位	应发数量	实发数量	单位成本	金额
A	17878	办公用具	件	220	220	94	20 680

第三联 财务记账

负责人：　　　　经手人：　　　　保管：　　　　填单：

3. 2015 年 6 月 6 日，济宁任兴有限公司管理部门直接以现金 150 元购买纸张、账本、文具等办公用品。

凭证 3

山 东 省 普 通 发 票

发 票 联

2014年6月6日

888883332540

No. 085312523

购货单位：任兴橱柜有限责任公司

②付款方报销凭证

品名及规格	货物或劳务名称	单位	数量	单价	金额							
					万	千	百	十	元	角	分
账本	总账、日记账	本	10	15			1	5	0	0	0

金额（大写）×万×仟壹佰伍拾零圆零角零分　　　　　　￥150.00

开票单位盖章　　　复核人　　　收款人：孙萍　　　开票人：袁梦

---

4. 2015 年 6 月 8 日，任兴橱柜有限责任公司以汇兑（电汇）方式支付房屋修理费30 000元，其中公司管理部门房屋 20 000 元，专设销售机构房屋 10 000 元。

凭证 4a

山 东 省 普 通 发 票

发 票 联

2014年6月8日

645733332540

No. 059812829

购货单位：任兴橱柜有限责任公司

②付款方报销凭证

品名及规格	货物或劳务名称	单位	数量	单价	金额							
					万	千	百	十	元	角	分
房屋修理	劳务	m²	300	100					0	0	0

金额（大写）叁万零仟零佰零拾零圆零角零分　　　　￥30 000.00

开票单位盖章　　　复核人　　　收款人：孙萍　　　开票人：袁梦

凭证 4b

中国工商银行　电汇凭证（回单）[1]

委托日期 2015 年 6 月 8 日　　　　　　第 99 号

汇款人	全　称	任兴橱柜有限责任公司	收款人	全　称	济宁市鸿都建筑公司										
	账　号	5192364750843204		账　号	2375638294213458										
	汇出地点	山东省济宁市任兴路		汇入地点	省　市/县										
汇出行名称		工行济宁任兴支行	汇入行名称		建行济宁南门里支行										

金额	人民币（大写）	叁万零仟零佰零拾零圆零角零分	亿	千	百	十	万	千	百	十	元	角	分
							￥3	0	0	0	0	0	0

支付密码

附加信息及用途：

汇出行签章：　　　复核：　　　记账：

此联汇出行给汇款人的回单

5. 2015 年 6 月 10 日，以现金支付汽车公路行驶费 20 元。

凭证 5a

山东省收费公路(桥) 通行费专用票据	山东省收费公路(桥) 通行费专用票据
No. 111062900000	No. 111062900001
校验码：	校验码：
金额小写 10 元　　工号 2009	金额小写 10 元　　工号 2009
壹拾元整	壹拾元整
日期 2015 - 06 - 10　　时间 10：09：07	日期 2015 - 06 - 10　　时间 16：09：07
车型	车型
收费单位(套章)	收费单位(套章)
收费单位　国道 105 济宁收费站	收费单位　国道 105 济宁收费站
收　据	收　据

凭证 5b

支 出 证 明 凭 证

年　　月　　日　　　　　　　　　　附件共　张

支 出 科 目	摘　　要	金　　额							备　注
		万	千	百	十	元	角	分	

合计人民币(大写)：　万　仟　佰　拾　元　角　分　　　　　¥

核准：　　　　复核：　　　　　　证明人：　　　　　　经手人：

6. 2015 年 6 月 30 日，任兴橱柜有限责任公司专利权账面成本 120 000 元(使用期限 6 年)本公司使用，商标权账面成本 36 000 元(使用期限 10 年)出租给外单位使用，按使用寿命每月摊销。

凭证 6

无形资产摊销计算表

年　　月

项　　目	预计使用寿命	账面成本	月摊销额
专利权			
商标权			
合　计			

审核：　　　　　　　　　　制表：

7. 2015 年 6 月 30 日，任兴橱柜有限责任公司依据计量仪表计量计算电费：生产 A 产品用 17 200 元，生产 B 产品用 10 320 元，生产部门照明用 6 880 元，公司管理部门照明用 2 580 元，专设销售机构(售后服务网点)照明用 860 元。公司水电费均以托收方式定期支付，分月按耗用数于月末结计应付数。

凭证 7

电费计算分配表

年　月　日

产品或部门	用电量(度)	计费标准(元／度)	应付电费

审核：　　　　　　　　　　　　　　　　　制表：

---

8. 2015 年 6 月 30 日，任兴橱柜有限责任公司收到开户行中国工商银行济宁市任兴南门支行转来本期存款利息结算单，存款利息 2 280 元。

凭证 8

中国工商银行存款利息凭证

年　月　日

收款单位	账　号		付款单位	账　号		此联出票人开户银行交给出票人的回单
	户　名			户　名		
	开户银行			开户银行		
积数(略)		利率：		利息：		
				科　目：＿＿＿＿＿ 对方科目：＿＿＿＿＿		
＿＿＿＿＿户第　季度			复核员：　　　　记账员：			

---

9. 2015 年 6 月 30 日，任兴橱柜有限责任公司于 6 月 1 日从中国工商银行济宁市任兴南门支行取得的 6 个月期限，年利率 6%，利息按季结算一次，到期还本的一笔借款 300 000 元，每月预提利息费用 1 500 元(300 000×6%÷12)。

凭证 9

借款利息计算表

年　月　日

借入银行	借期	本金	计息期限	年利率	应计利息(元)	列支账户
合　计						

审核：　　　　　　　　　　　　　　　　　制表：

---

10. 2015 年 6 月 30 日，任兴橱柜有限责任公司本月支付电话费 2 853 元，其中固话费 2 353 元，功能费 500 元，以转账支票付款。

凭证 10a

山东省电信济宁市分公司话费结算凭证

发　票　联

发票代码：

开票日期：2015 年 6 月 30 日　　　　　　　　　　　　　　发票号码：

付款方	全　　称		收款方	全　　称	
	账号或地址			账　号	
	开户银行			开户银行	

批准字号	收费金额人民币（大写）	贰仟捌佰伍拾叁元整	百	十	万	千	百	十	元	角	分
					¥	2	8	5	3	0	0

款项性质		合同号码		附寄单据张数	

备注：
业务号码：　　　　　　固话：2353　　　　　　　市话：500
功能使用费　　　上期余额：　　实收款：　　　　下期余额：

单位主管：　　　　会计：　　　　复核：　　　　记账：　　　　（收款单位盖章有效）

凭证 10b

中国工商银行
转账支票存根

支票号码：
科目：＿＿＿＿＿＿＿＿＿
对方科目：＿＿＿＿＿＿＿
签发日期：　　年　　月　　日

收款人：
金额：
用途：
备注

单位主管：　　　　会计：

---

11. 2015 年 6 月 30 日，任兴橱柜有限责任公司报销本月业务招待费 6 000 元，签发转账支票 1 张。

凭证 11a

济 宁 市 服 务 业 发 票

发 票 联

发票代码：
发票号码：

付款单位（个人）：　　　　　开票日期 2015 年 6 月 30 日

经 营 项 目	单 位	数 量	单 价	金　　额						
				万	千	百	十	元	角	分
餐费					6	0	0	0	0	0

金额大写（人民币合计）：零拾零万陆仟零佰零拾零元零角零分　　¥：6 000.00

收款单位（盖发票专用章有效）：　　　　　　开票人：

凭证 11b

中国工商银行
转账支票存根

支票号码：

科目：＿＿＿＿＿＿＿＿

对方科目：＿＿＿＿＿＿＿

签发日期：　年　月　日

收款人：	任兴大饭庄
金额：	￥6 000.00
用途：	业务招待费
备注	

单位主管：　　　　会计：

---

12. 2015 年 6 月 30 日，任兴橱柜有限责任公司开出转账支票支付财产保险费 36 890 元。

凭证 12a

中国太平洋保险公司保险费发票

年　　月　　日　　填制

发票代码：
发票号码：

交款人		付款方式	支票	第二联
交款事由		保险单号		
金额(大写)				客户联
盖章				

会计主管：　　　记账：　　　审核：　　　出纳：　　　经办：

凭证 12b

中国工商银行
转账支票存根

支票号码：

科　　目＿＿＿＿＿＿＿

对方科目＿＿＿＿＿＿＿

签发日期　年　月　日

收款人：	
金额：	
用途：	
备注	

单位主管：　　　　会计：

---

13. 2015 年 6 月 30 日，任兴橱柜有限责任公司业务员李欣报销差旅费 1 200 元(预借 1 500 元)，余额退回。

凭证 13a

借 款 单

年　月　日

借款部门		职别		出差人姓名	
借款事由					
借款金额人民币(大写)				¥ _____	
批准人		部门负责人		财务负责人	

借款人：

凭证 13b

差 旅 费 报 销 单

年　月　日

姓名　　　　　　部门　　　　　　出差事由　　　　　　单据　　张

起止日期				起止地点	火车费	市内车费	住宿费	补助费			住宿费		其他
月	日	月	日					标准	天数	金额	天数	金额	
合　计													

人民币(大写)　　　　　　　　　　应退(补)：

审核：　　　　　　　部门主管：　　　　　　　财务主管：

凭证 13c

收 款 收 据

年　月　日　　　　　　编号：8848921

交款单位(人)									
摘　　要									
金额(大写)		万	千	百	十	元	角	分	

主管：　　　　　　　会计：　　　　　　　出纳：

----

14. 2015 年 6 月 30 日，钱多多科长从南京出差归来报销差旅费 1 450 元(含每天补助费 50 元，计 3 天)，退回现金 50 元。

凭证 14a

借 据

2015 年 6 月 28 日 **现金付讫**

借款人：钱多多

借款金额（库币大写）壹仟伍佰元整 . ¥ 1 500.00

借款事由：外出参加产品订货会

单位盖章：供应科 会计：蔡文彬 出纳：金山 经手人：张华

凭证 14b

江苏省饮食服务业收费收据

2015 年 6 月 29 日

交款单位	任兴橱柜有限责任公司		支付方式	现金
金额大写（人民币合计） 万 仟 叁佰零拾零元零角零分		¥：300.00		
收费项目	住宿费用		许可证号	
收费标准	300 元		计费基数	
备 注			收款单位	

会计主管： 出纳： 制单：

凭证 14c

山 东 省 普 通 发 票

发 票 联

购货单位：任兴橱柜有限责任公司 2014 年 6 月 28 日

品名及规格	货物或劳务名称	单位	数量	单价	金额						
					万	千	百	十	元	角	分
					¥	1	0	0	0	0	0
					¥	1	0	0	0	0	0

开票单位盖章 复核人 收款人： 开票人：

②付款方报销凭证

凭证 14d

差 旅 费 报 销 单

部　门			电　话			差调事由		单位领导 审批签字		
姓　名			职　务							

起讫日期及地点								报销旅费数		单据 号数	原借支	日期
月	日	时	起程地点	月	日	时	到达地点	交通工具	天数	票价		金额

报销旅费数		原借支	
车船费	0.00	核销旅费数	0.00
途中膳补费		应 交 回 数	
住勤费		应 补 发 数	
宿　费		(缴/收)款人签章	
市内车费		备注	
杂　费			
合　计	0.00		

15. 2015 年 6 月 30 日，任兴橱柜有限责任公司从金宇大市场租赁展销场地一宗，租赁费 10 000 元以支票付讫。

凭证 15a

山 东 省 普 通 发 票

发　票　联

购货单位：任兴橱柜有限责任公司　　　2014 年 6 月 30 日

品名及规格	货物或劳务名称	单位	数量	单价	金额						
					万	千	百	十	元	角	分
200m²	场地租赁费						0	0	0	0	0
	合计					1	0	0	0	0	0

②付款方报销凭证

开票单位盖章　　　复核人 王小二　　　收款人 张迪　　　开票人

凭证 15b

中国工商银行

转账支票存根

支票号码：

科　　目＿＿＿＿＿＿＿＿＿

对方科目＿＿＿＿＿＿＿＿＿

签发日期　年　月　日

收款人：
金额：
用途：
备注：

单位主管：　　　　会计：

三、要求

(一)会计手工业务

1. 根据上述经济业务，完善原始凭证，编制记账凭证。
2. 根据记账凭证，登记管理费用明细账、销售费用明细账和财务费用明细账。
3. 根据记账凭证，编制"科目汇总表"，根据"科目汇总表"，登记总账。

(二)会计电算化业务

1. 根据"会计信息化实训资料"要求，建立账套，结合上述业务，完善原始凭证，完成转账生成、记账、审核等工作；
2. 采用期间损益结转自动转账功能结转损益类账户本月发生额；
3. 生成或编制资产负债表和利润表。

四、实习准备

1. 会计手工工具
(1)会计凭证：收款凭证 3 张、付款凭证 8 张，转账凭证 6 张。或者记账凭证 17 张。
(2)科目汇总表 1 张。
(3)账页：总账账页 3 张、销售费用明细账、管理费用明细账、财务费用明细账账页各 1 张。
2. 会计电算化工具
会计软件一套。

任 务 七 销售业务

一、目的

通过本环节的练习，使学生熟练掌握销售业务的会计处理。

二、资料

任兴橱柜有限责任公司 6 月份发生如下业务：

1. 2015 年 6 月 5 日，销售给山东阳光助剂有限公司 101 型橱柜 100 台，售价 200 000 元，增值税 34 000 元，收到一张转账支票，金额 234 000 元，存入银行。

产品出库单

购买单位： 运输方式：自提 编号：0711

产品名称	规格	单位	数量	单位售价	金额	备注

销售部门： 发货人： 提货人：

凭证 1b

山东省增值税专用发票

No. 00000711

（记账联 销货方记账凭证） 开票日期：2015 年 6 月 5 日

购货单位	名 称：	山东阳光助剂有限公司						密码区	
	纳税人识别号：	37080233313321							
	地址、电话：	阳光路－3332434							
	开户行及账号：	光大银行－32443545							

货物或应税劳务名称	规格型号	单位	数量	单价	金额	税率	税额
橱柜	101	台	100	2 000.00	200 000.00	17%	34 000.00
合 计					200 000.00		34 000.00

价税合计（大写）贰拾叁万肆仟元整 ￥234 000.00

销货单位	名 称：	任兴橱柜有限责任公司	备注
	纳税人识别号：	37080219623014863188	
	地址、电话：	任兴路－3229738	
	开户行及账号：	工商银行洸河路支行－322973	

收款人： 金山 复核： 蔡文彬 开票人： 钱多多 销货单位：（章）

凭证 1c

工商银行进账单（回单）

2015 年 06 月 05 日 No. 2032143

付款人	全 称	山东阳光助剂有限公司						收款人	全 称						
	账 号	13863749911							账 号						
	开户银行	光大银行－32443545							开户银行						

金额	人民币（大写）贰拾叁万肆仟元整	亿	千	百	十	万	千	百	十	元	角	分
				￥	2	3	4	0	0	0	0	0

票据种类	其他	票据张数

开户银行盖

此联是开户银行交给持（出）票人的回单

2. 2015 年 6 月 8 日，销售给济宁山艺贸易公司 102 橱柜 20 台，售价 32 000 元，增值税 5 440 元，货款共计 37 440 元，收到一张银行本票存入银行。

凭证 2a

产品出库单

购买单位：　　　　　　　　　　　　　　　　运输方式：自提　　　　　编号：0721

产品名称	规格	单位	数量	单位售价	金额	备注

销售部门：　　　　　　　　发货人：　　　　　　　　提货人：

凭证 2b

山东省增值税专用发票

No. 00000000722

（记账联　销货方记账凭证）　　　　开票日期：2015 年 6 月 8 日

购货单位	名　称：	济宁山艺贸易公司				密码区	
	纳税人识别号：	370842423435555					
	地址、电话：	山艺路 1 号 2032109					
	开户行及账号：	工商银行山艺路支行(0537)559923324					

货物或应税劳务名称	规格型号	单 位	数 量	单 价	金 额	税 率	税 额
橱柜	102	台	20	1 600.00	32 000.00	17%	5 440.00
合　计					32 000.00		5 440.00

价税合计（大写）叁万柒仟柒佰肆拾元整　　　¥37740.00

销货单位	名　称：	任兴橱柜有限责任公司	备注
	纳税人识别号：	37088219623011 6831488	
	地址、电话：	任兴路－3229738	
	开户行及账号：	工商银行洸河路支行－322973	

收款人：金山　　　　复核：蔡文彬　　　　开票人：钱多多　　　　销货单位：（章）

凭证 2c

工商银行进账单（回单）

年　　月　　日　　　　　　NO. 2032943723

付款人	全　称	山东阳光助剂有限公司	收款人	全　称	
	账　号	13863749911		账　号	
	开户银行	中国工商银行济宁分行洸河路支行		开户银行	

金额	人民币（大写）	亿	千	百	十	万	千	百	十	元	角	分

票据种类	其他	票据张数	
			开户银行盖

　　3. 2015 年 6 月 9 日，销售给济南光合有限公司 102 橱柜 50 台，售价 80 000 元，增值税 13 600 元，货款未收。

凭证 3a

产品出库单

购买单位：　　　　　　　　　　　　　　　运输方式：自提　　　　　　　　　　　　　　编号：

产品名称	规格	单位	数量	单位售价	金额	备注

销售部门：　钱多多　　　　　　发货人：　　　　　　　　　提货人：

凭证 3b

山东省增值税专用发票　　　　　　　　　No. 00000732

（记账联　销货方记账凭证）　　　　开票日期：2015 年 6 月 9 日

购货单位	名　　称：	济南光合有限公司				密码区	
	纳税人识别号：	3108342434455					
	地址、电话：	洸河路 1 号－3888831					
	开户行及账号：	工商银行泉城路支行－5599942455					

货物或应税劳务名称	规格型号	单位	数量	单价	金额	税率	税额
橱柜	102	台		1 600.00	80 000.00	17%	13 600.00
合计					80 000.00		13 600.00

价税合计（大写）	￥93 600.00			

销货单位	名　　称：	济宁任兴橱柜有限责任公司	备注	
	纳税人识别号：	96230148831488		
	地址、电话：	任兴路－3229738		
	开户行及账号：	工商银行洸河支行－322973		

收款人：　金山　　　　复核：　蔡文彬　　　　开票人：　钱多多　　　　销货单位：（章）

4. 2015 年 6 月 10 日，通过银行收到向阳股份有限公司前欠货款 117 000 元。

凭证 4

托收承付凭证(收账通知)　　　　4　第　　号

					承付期限					
托收号码：					到期　年　月　日					

委托日期：　　　　　　　2015 年 6 月 10 日

付款人	全称	向阳股份有限公司	收款人	全称	任兴橱柜有限责任公司									
	账号			账号	322973									
	开户银行			开户银行	工商银行洸河路支行	行号								

委托金额	人民币(大写)壹拾壹万柒仟元整	千	百	十	万	千	百	十	元	角	分
				￥	1	1	7	0	0	0	0	0

附件	商品发运情况		合同名称号码	
附寄单证张数或册数				

是收款人开户银行在款项收妥后给收款人的收账通知

5. 2015 年 6 月 12 日，销售给先科有限公司 101 橱柜 30 台，售价 60 000 元，增值税 10 200 元，货款共计 70 200 元，收到一张面值 70 200 元，期限 3 个月的商业汇票。

凭证 5a

产品出库单

		运输方式：自提				编号：0751	

购买单位：

产品名称	规格	单位	数量	单位售价	金额	备注

销售部门：　　　　　　　发货人：　　　　　　　提货人：

凭证 5b

山东省增值税专用发票

No. 00000752

（记账联　销售方记账凭证）　　　　开票日期：2015 年 6 月 12 日

购货单位	名　　称	先科有限公司				密码区	
	纳税人识别号	37080234242					
	地址、电话	先科路 3 号－2032143					
	开户行及账号	农业银行先科路支行－3224444					

货物或应税劳务名称	规格型号	单位	数量	单价	金额	税率	税额
橱柜	101		30.00	2 000.00	60 000.00	17%	10 200.00
合　　计					60 000.00		10 200.00

价税合计（大写）柒万零贰佰元整　　　　¥70 200.00

销货单位	名　　称	任兴橱柜有限责任公司				备注	
	纳税人识别号	370802196230148831488					
	地址、电话	任兴路－3229738					
	开户行及账号	工商银行洸河路支行－322973					

收款人：｜金山｜　　　复核：｜蔡文彬｜　　　开票人：｜钱多多｜　　　销货单位：（章）

凭证 5c

商业承兑汇票

票据号码

签发日期　　年　　月　　日　　　　　　　第　　号

收款人	全称		付款人	全称									
	账号			账号									
	开户银行		行号		开户银行			行号					

汇票金额	人民币（大写）		千	百	十	万	千	百	十	元	角	分

汇票到期日	年　月　日	交易合同号码	

本汇票已经本单位承兑，到期日无条件支付票款。 此致 付款人盖章 负责人：　　　经办人：　　　年　月　日	汇票签发人盖章 负责人：　　　经办人：

6. 2015 年 6 月 15 日，销售给安华有限公司 101 橱柜 10 台，售价 20 000 元，增值税 3 400 元，收到一张金额为 23 400 元的银行汇票送存银行。

凭证 6a

产品出库单

购买单位：   运输方式：自提   编号：0761

产品名称	规格	单位	数量	单位售价	金额	备注

销售部门：   发货人：   提货人：

凭证 6b

山东省增值税专用发票   No. 00000762

（记账联   销货方记账凭证）   开票日期：2015 年 6 月 15 日

购货单位	名　　称	安华有限公司			密码区	
	纳税人识别号	370832224242424				
	地址、电话	安华路 2 号 - 2032131				
	开户行及账号	济宁银行安华路支行 - 2323232				

货物或应税劳务名称	规格型号	单位	数量	单价	金额	税率	税额
橱柜	101	台	10	2 000.00	20 000.00	17%	3 400.00
合　　计					20 000.00		3 400.00

价税合计（大写）贰万叁仟肆佰元整	￥23 400.00

销货单位	名　　称	任兴橱柜有限责任公司	备注
	纳税人识别号	370802163148831488	
	地址、电话	任兴路 - 3229752	
	开户行及账号	工商银行洸河路支行 - 522973	

收款人：金山   复核：蔡文彬   开票人：钱多多   销货单位：（章）

凭证 6c

工商银行进账单（回单）

年　　月　　日   No. 2032943723

付款人	全　称		收款人	全　称		此联是开户银行交给持（出）票人的回单
	账　号			账　号		
	开户银行			开户银行		

金额	人民币（大写）		亿	千	百	十	万	千	百	十	元	角	分

票据种类	其他	票据张数	
			开户银行盖

7. 2015 年 6 月 18 日，向盛华贸易有限公司销售 101 橱柜 40 台，售价 80 000 元，增值税 13 600 元，商品已发出，已到银行办妥托收手续。

凭证 7a

产品出库单

购买单位：　　　　　　　　　　　　　　　运输方式：自提　　　　　　编号：000771

产品名称	规格	单位	数量	单位售价	金额	备注

销售部门：　　　　　　　　　发货人：　　　　　　　　提货人：

凭证 7b

山东省增值税专用发票　　　　　　No. 0000000772

（记账联　销售方记账凭证）　　　　开票日期：2015 年 6 月 18 日

购货单位	名　　称：	盛华贸易有限公司			密码区	
	纳税人识别号：	37080322224244442				
	地址、电话：	盛华路 1 号 - 2032137				
	开户行及账号：	任兴银行盛华路支行 - 2032139				

货物或应税劳务名称	规格型号	单位	数 量	单 价	金 额	税 率	税 额
橱柜	101		40	2 000.00	80 000.00	17%	13 600.00
合　计					80 000.00		13 600.00

价税合计（大写）玖万叁仟陆佰元整　　　　¥93 600.00

销货单位	名　　称：	任兴橱柜有限责任公司			备注	
	纳税人识别号：	370802196230148831488				
	地址、电话：	任兴路 - 3229738				
	开户行及账号：	工商银行洸河路支行 - 322973				

收款人：｜金山｜　　　复核：｜蔡文彬｜　　　开票人：｜钱多多｜　　　销货单位：（章）

凭证 7c

托收承付凭证（回　单）[1]　　　　　　　　　　　第　　号

委托日期：2015 年 6 月 18 日　　　　　　　　　　托收号码：

付款人	全称		收款人	全称			
	账号或地址			账号			
	开户银行			开户银行		行号	

委托金额	人民币（大写）		千	百	十	万	千	百	十	元	角	分

附　　件	商品发运情况		合同名称号码	
附寄单证张数或册数				

备注：	款项收妥日期			
	年　月　日	收款人开户银行（盖章）　　　年　月		

单位主管　　　　　会计　　　　　复核　　　　　记账

此联是付款人开户银行给收款人的回单

8. 2015 年 6 月 20 日，向济宁宏达有限公司销售 102 橱柜 100 台，售价 160 000 元，增值税 27 200 元，货款共计 187 200 元，现金折扣条件为 2 /10，1 /30，N /50。（按售价计算折扣）

凭证 8a

产品出库单

购买单位：　　　　　　　　　　　　　　　　运输方式：自提　　　　　编号：

产品名称	规格	单位	数量	单位售价	金额	备注

销售部门：　　　　　　　发货人：　　　　　　　提货人：

凭证 8b

山东省增值税专用发票　　　　　　No. 00000782

（记账联　销货方记账凭证）　　　开票日期：2015 年 6 月 20 日

购货单位	名　称：	济宁宏达有限公司			密码区		
	纳税人识别号：	3708023324211122					
	地址、电话：	宏达路 - 2032945					
	开户行及账号：	工行宏达路支行 - 2032459					

货物或应税劳务名称	规格型号	单位	数量	单价	金额	税率	税额
橱柜	102	台	100	1 600.00	160 000.00	17%	27 200.00
合　计					160 000.00		27 200.00

价税合计（大写）壹拾捌万柒仟贰佰元整　　　　　¥187 200.00

销货单位	名　称：	任兴橱柜有限责任公司			备注		
	纳税人识别号：	3708021962301488831488					
	地址、电话：	任兴路 - 3229738					
	开户行及账号：	工商银行洸河路支行 - 322973					

收款人：　金山　　　复核：　蔡文彬　　　开票人：　钱多多　　　销货单位：（章）

9. 2015 年 6 月 22 日，向济宁爱华公司销售 102 橱柜 20 台，售价 32 000 元，增值税 5 440 元，货款 37 440 元通过银行收到。

凭证 9a

产品出库单

购买单位：　　　　　　　　　　　　　　　　运输方式：自提　　　　　编号：

产品名称	规格	单位	数量	单位售价	金额	备注

销售部门：　　　　　　　发货人：　　　　　　　提货人：

凭证 9b

山东省增值税专用发票　　　　No.00000792

（记账联　销货方记账凭证）　开票日期：2015 年 6 月 22 日

购货单位	名　　　称	济宁爱华公司				密码区		
	纳税人识别号	37080243434444566						
	地址、电话	爱华路－72034356						
	开户行及账号	工商银行爱华路支行－234563						

货物或应税劳务名称	规格型号	单位	数量	单价	金额	税率	税额
橱柜	102	台	20	1 600.00	32 000.00	17%	5 440.00
合　计					32 000.00		5 440.00

价税合计（大写）叁万柒仟肆佰肆拾元整　　　　￥37 440.00

销货单位	名　　　称	任兴橱柜有限责任公司	备注
	纳税人识别号	37080219230	
	地址、电话	任兴路－322973888	
	开户行及账号	工商银行洸河路支行－322973	

收款人：金山　　　复核：蔡文彬　　　开票人：钱多多　　　销货单位：（章）

凭证 9c

委托银行收款结算凭证

（支款通知）　　　　委收号码第 00452793

委邮

付款期限　年　月　日　　　委托日期　年　月　日

收款单位	全称		付款单位	全称	
	账号			账号	
	开户银行			开户银行	

委收金额	人民币（大写）			
款项内容		委托收款凭据名称	附寄单证张数	1
备注：银行结算专用章	付款单位注意：			

单位主管　　会计　　复核　　记账　　付款单位开户银行盖章　年　月　日

---

10. 2015 年 6 月 25 日，向济宁毛巾厂销售 101 橱柜 30 台，售价 60 000 元，增值税 10 200 元，尚未收到货款。

凭证 10a

产品出库单

购买单位：　　　　　　　　　运输方式：自提　　　　编号：

产品名称	规格	单位	数量	单位售价	金额	备注

销售部门：　　　　　发货人：　　　　　　提货人：

凭证 10b

山东省增值税专用发票

No.0000007102

（记账联 销货方记账凭证）

开票日期：2015 年 6 月 25 日

购货单位	名　称：	济宁毛巾厂					密码区		
	纳税人识别号：	37080220156025							
	地址、电话：	古槐路 666 号 - 2032165							
	开户行及账号：	建设银行古槐路支行 - 2032165888							

货物或应税劳务名称	规格型号	单位	数量	单价	金额	税率	税额
橱柜	101	台	30	2 000.00	60 000.00	17%	10 200.00
合计					60 000.00		10 200.00

价税合计（大写）柒万零贰佰元整

销货单位	名　称：	任兴橱柜有限责任公司		备注
	纳税人识别号：	370802196230148831488		
	地址、电话：	任兴路 - 3229738		
	开户行及账号：	工商银行洸河路支行 - 322973		

收款人：金山　　　复核：蔡文彬　　　开票人：钱多多　　　销货单位：（章）

11.2015 年 6 月 26 日，收到 6 月 20 日销售 102 橱柜的货款 184 000 元。

凭证 11

委托银行收款结算凭证

委邮　　　　　　　　　　（支款通知）　　　　　　　　委收号码第 0052

付款期限　年　月　日　　　　委托日期　年　月　日

收款单位	全称		付款单位	全称	
	账号			账号	
	开户银行			开户银行	

委收金额	人民币（大写）			
款项内容		委托收款凭据名称	附寄单证张数	1
备注：银行结算专用章	付款单位注意：			

单位主管　　会计　　复核　　记账　　付款单位开户银行盖章　年　月　日

12.2015 年 6 月 27 日，向山东如意有限公司销售 102 橱柜 10 台，售价 16 000 元，增值税 2 720 元，收现金。

凭证 12a

产品出库单

购买单位：　　　　　　　　运输方式：自提　　　　编号：07121

产品名称	规格	单位	数量	单位售价	金额	备注

销售部门：　　　　　　发货人：　　　　　　提货人：

凭证 12b

山东省增值税专用发票　　　　　　　No.000007122

（记账联　销货方记账凭证）　　开票日期：2015 年 6 月 27 日

购货单位	名　　称：山东如意有限公司 纳税人识别号： 地址、电话：洸河路 72 号如意大厦 - 2311818 开户行及账号：工商银行洸河路支行 - 23188888						密码区	
货物或应税劳务名称	规格型号	单位	数量	单价	金额	税率	税额
橱柜	102	台	10	1 600.00	16 000.00	17%	2 720.00
合　计					16 000.00		2 720.00

价税合计（大写）壹万捌仟柒佰贰拾元整　　　　￥18720.00

销货单位	名　　称：任兴橱柜有限责任公司 纳税人识别号：37080219623014... 地址、电话：任兴路 - 3229738 开户行及账号：工商银行洸河路支行 - 322973						备注	

收款人：金山　　　复核：蔡文彬　　　开票人：钱多多　　　销货单位：（章）

---

13. 2015 年 6 月 28 日，向济宁兴旺有限公司销售 101 橱柜 20 台，售价 40 000 元，增值税 6 800 元，收到一张转账支票存入银行。

凭证 13a

产品出库单

购买单位：　　　　　　　　　　　运输方式：自提　　　　　编号：

产品名称	规格	单位	数量	单位售价	金额	备注

销售部门：　　　　　　发货人：　　　　　　提货人：

凭证 13b

山东省增值税专用发票　　　　　　　No.00000007132

（记账联　销货方记账凭证）　　开票日期：2015 年 6 月 28 日

购货单位	名　　称：济宁兴旺有限公司 纳税人识别号：37080232448888 地址、电话：兴旺路 - 2033456 开户行及账号：工商银行兴旺路支行 - 233204343						密码区	
货物或应税劳务名称	规格型号	单位	数量	单价	金额	税率	税额
橱柜	101	台	20	2 000.00	40 000.00	17%	6 800.00
合　计					40 000.00		6 800.00

价税合计（大写）肆万陆仟捌佰元整　　　　　￥46 800.00

销货单位	名　　称：任兴橱柜有限责任公司 纳税人识别号：37080219623014...831488 地址、电话：任兴路 - 3229738 开户行及账号：工商银行洸河路支行 - 322973						备注	

收款人：金山　　　复核：蔡文彬　　　开票人：钱多多　　　销货单位：（章）

凭证 13c

工商银行进账单(回单)

年　　月　　日　　　　　　　　　　No. 2038913

付款人	全　称		收款人	全　称	
	账　号			账　号	
	开户银行			开户银行	

金额	人民币(大写)		亿	千	百	十	万	千	百	十	元	角	分

票据种类	其他	票据张数

开户银行盖章

此联是开户银行交给持(出)票人的回单

---

14. 2015 年 6 月 29 日,向任兴餐饮有限公司销售 102 橱柜 10 台,售价 16 000 元,增值税 2 720 元,收到一张金额 18 720 元的银行本票存入银行。

凭证 14a

产品出库单

购买单位:　　　　　　　　　　　　　　运输方式:自提　　　　　编号:

产品名称	规格	单位	数量	单位售价	金额	备注

销售部门:　　　　　　　　发货人:　　　　　　　　提货人:

凭证 14b

山东省增值税专用发票

No. 00000007142

(记账联　销方记账凭证)　　　　开票日期:2015 年 6 月 29 日

购货单位	名　　称	任兴餐饮有限公司	密码区	
	纳税人识别号	3708021986342443188		
	地址、电话	任兴路 - 2032199		
	开户行及账号	工商银行济宁分行		

货物或应税劳务名称	规格型号	单 位	数 量	单 价	金 额	税 率	税 额
橱柜	102	台	10	1 600.00	16 000.00	17%	2 720.00
合　计					16 000.00		2 720.00

价税合计(大写)壹万捌仟柒佰贰拾元整　　　　¥18 720.00

销货单位	名　　称	任兴橱柜有限责任公司	备注
	纳税人识别号	000013560044008	
	地址、电话	任兴路 - 3229738	
	开户行及账号	工商银行洸河路支行 - 322973	

收款人: 金山　　　复核: 蔡文彬　　　开票人: 钱多多　　　销货单位:(章)

凭证 14c

工商银行进账单(回单)

年　月　日　　　　　　　　　　No. 2032189

付款人	全　称		收款人	全　称		此联是开户银行交给持(出)票人的回单
	账　号			账　号		
	开户银行			开户银行		

金额	人民币(大写)	亿	千	百	十	万	千	百	十	元	角	分

票据种类	其他	票据张数	
			开户银行盖章

15. 2015 年 6 月 30 日，结转本月销售产品的成本(月初结存 101 橱柜 35 台，单位成本 1 358 元，本月入库 260 台，单位成本 1 428 元；月初结存 102 橱柜 28 台，单位成本 857 元，本月入库 256 台，单位成本 896 元)。

凭证 15

产品销售成本计算表

年　月　日

产品名称	计量单位	月初结存		本月入库		加权平均单位成本(保留两位小数)	本月销售数量	本月销售成本
		数量	成本	数量	成本			

三、要求

(一)会计手工业务

1. 根据上述经济业务，完成相关原始凭证，编制记账凭证。

2. 根据记账凭证，登记收入明细账。

3. 根据记账凭证，编制"科目汇总表"，根据"科目汇总表"，登记总账。

(二)会计电算化业务

1. 根据"会计信息化实训资料"要求，建立账套，结合上述业务，完成相关原始凭证，完成转账生成、记账、审核等工作；

2．采用期间损益结转自动转账功能结转损益类账户本月发生额；

3．计算本月应交所得税并结转；

4．生成或编制资产负债表和利润表。

四、实习准备

1．会计手工工具

(1)会计凭证：收款凭证 9 张，转账凭证 6 张，或者记账凭证 15 张。

(2)科目汇总表 1 张。

(3)账页：总账账页 3 张，主营业务收入和主营业务成本明细账、现金日记账、银行存款日记账账页各 1 张。

2．会计电算化工具

会计软件一套。

模块二
一体化实训（一）
（2015 年 6 月业务）

一、公司简介

任兴橱柜有限责任公司于 2015 年 6 月创办，营业执照规定的经营范围为橱柜生产、加工和销售，认缴资本为 400 万元，创办之初即为一般纳税人。公司内部通过局域网连接。该企业财务部门会计人员 3 人，企业管理办公室(简称"企管办")3 人，记账凭证采用通用的记账凭证格式，使用系统有总账系统、工资管理系统、固定资产系统、报表管理系统、采购管理系统、销售管理系统和存货核算系统。该企业材料按实际成本核算，出库材料按先进先出法计算成本。固定资产根据税法规定年限，采用年限平均法计算月固定资产分类折旧率计算折旧额。企业应收款项发生的坏账损失按直接转销法核算，企业缴纳所得税按季预交，按应付税款法核算。产品共耗材料按重量分配法分配。产品售价为：101♯橱柜单价4 000 元，102♯橱柜单价 20 000 元。发出产品销售成本按照加权平均法计算。公司业务部门与业务部门人员岗位设置如下：

资料

表 1

编号	姓名	权限
201	蔡文彬	电算主管
202	韩兴贤	总账会计
203	金山	出纳
301	阚守元	仓库主管
402	张明之	采购主管
503	钱多多	销售主管

二、基础信息设置

1. 选项设置
2. 凭证类型：记账凭证(记字)
3. 结算方式(见表 2)

资料 3

表 2

编号	名称	是否进行支票管理
1	现金结算	
2	转账支票	是
3	汇兑	
4	商业汇票	

4. 部门档案(见表 3)

资料 4

表 3

部门编号	部门名称
1	企业管理办公室(企管办)
2	财务科
3	销售科
4	采购科
5	基本车间
6	仓库

5. 职员档案(部分)(见表 4)

资料 5

表 4

编号	姓名	所属部门	职员属性
101	刘大江		总经理
102	刘大海	企业管理办公室	副总经理
103	刘大河		副总经理
201	蔡文彬		电算主管
202	韩兴贤	财务科	总账会计
203	金山		出纳
301	阚守元	仓库	仓库主管
402	张明之	供应科	采购主管
503	钱多多	销售科	销售主管
601	王然然	基本车间	车间核算员
602	金鑫鑫	基本车间	车间主任

6. 计量单位

资料 6

表 5

分组	单位
基本单位 (无换算)	1 千克
	2 套
	3 张
	4 把
	5 辆
	6 台

7. 存货档案

资料 7

表 6

存货编号	存货代码	存货名称	规格型号	计量单位	税率(%)	存货属性
0301	GB	钢板		千克	17	外购、生产耗用
0304	JC	角钢		千克	17	外购、生产耗用
0303	YG	圆钢		千克	17	外购、生产耗用
0229	HT	焊条	飞虎牌	千克	17	外购、生产耗用
0601	101CG	橱柜	101#	套	17	内销、外销、自制
0602	102CG	橱柜	102#	套	17	内销、外销、自制

8. 单据设置

单据编号设置：采购专用发票、采购普通发票、销售专用发票、销售普通发票编码允许手工修改。

单据格式设置：采用默认格式。

9. 仓库档案(见表 7)

资料 9

表 7

仓库编码	仓库名称	所属部门	计价方式
01	材料仓库	供应科	先进先出法
02	材料仓库	供应科	先进先出法
03	材料仓库	供应科	个别计价法
04	产品库	销售科	全月一次加权平均法

10. 开户银行

资料 10

编号	银行账号	是否暂封	进行密码管理	开户银行	所属行编码	所属行名称
001		否	否	洸河路支行	01	中国工商银行
002		否	否	洸河路支行	02	中国建设银行
003		否	否	洸河路支行	03	齐鲁银行
004		否	否	洸河路支行	04	农村信用社
005		否	否	任兴路支行	05	任城银行

三、设置会计科目

四、各系统其他初始设置

(一)应收系统初始设置

1. 选项(采用默认值)
2. 初始设置("设置科目"自己分析设置)

(二)应付系统初始设置

1. 选项(采用默认值)
2. 初始设置("设置科目"自己分析设置)

(三)采购管理系统初始设置

1. 选项(采用默认值)
2. 采购期初记账(期初无暂估入库和期初在途存货)

(四)销售管理系统初始设置

1. 业务控制：是否销售生成出库单
2. 其他控制：新增发货单、退货单、发票不参照单据。

(五)存货核算系统初始设置

1. 存货科目(见表11)

资料

表 11

仓库编码	仓库名称	存货分类编码	存货分类名称	存货编码	存货名称	存货科目编码	存货科目名称
01	材料一库	300#	材料类				原材料
02	材料二库	300#	材料类				原材料
03	材料三库	300#	材料类				原材料
04	产品库	100#	产品类				库存商品

----

2. 期初记账(无余额)

五、日常业务处理

任兴橱柜有限责任公司 2015 年 6 月发生如下经济业务，依据下列业务资料录入或生成采购发票、销售发票、运费发票、代垫费用单、入库单、发货单、出库单、收款单、付款单等单据，核算采购和销售成本，进行相应处理后将所有单据生成记账凭证。

1. 接受货币投资

凭证 1a

工商银行进账单（回单）

2015 年 6 月 1 日　　　　　　　　　　　　No. 2032221

<table>
<tr><td rowspan="3">付款人</td><td>全　称</td><td colspan="2">中国工商银行济宁分行洸河路支行</td><td rowspan="3">收款人</td><td>全　称</td><td colspan="8">任兴橱柜有限责任公司</td><td rowspan="8">此联是开户银行交给持（出）票人的回单</td></tr>
<tr><td>账　号</td><td colspan="2">13863749911</td><td>账　号</td><td colspan="8">322973</td></tr>
<tr><td>开户银行</td><td colspan="2">中国工商银行济宁分行洸河路支行</td><td>开户银行</td><td colspan="8">工商银行洸河支行</td></tr>
<tr><td rowspan="2">金额</td><td colspan="3">人民币（大写）壹佰万元整</td><td>亿</td><td>千</td><td>百</td><td>十</td><td>万</td><td>千</td><td>百</td><td>十</td><td>元</td><td>角</td><td>分</td></tr>
<tr><td colspan="3"></td><td>¥</td><td>1</td><td>0</td><td>0</td><td>0</td><td>0</td><td>0</td><td>0</td><td>0</td><td>0</td><td>0</td></tr>
<tr><td>票据种类</td><td>其他</td><td>票据张数</td><td colspan="11" rowspan="2">中国工商银行股份有限公司
洸河路支行
★ 2015.06.01 ★
票据受理专用章
收妥抵用

开户银行盖章</td></tr>
<tr><td></td><td></td><td></td></tr>
</table>

凭证 1b

收　据

2015 年 6 月 1 日

收款人： 金山	
今收到： 刘大江投资款	
人民币： 壹佰万元整　　　¥1 000 000.00	
用途： 股东投资	

　　　　　　单位盖章：　会计： 蔡文彬　出纳： 金山　经手人： 韩兴贤

凭证 1c

收　据

2015 年 6 月 1 日

收款人： 金山	
今收到： 刘大海投资款	
人民币： 壹拾万元整　　　¥100 000.00	现金收讫
用途： 股东投资	

　　　　　　单位盖章：　会计： 蔡文彬　出纳： 金山　经手人： 刘大海

2. 现金交存银行

凭证 2

现金交款单　　（回单）　①

科目：工商 1014（二联）　　　　　2015 年 6 月 1 日　　　　　对方科目

交款人	全称	任兴橱柜有限责任公司	款项来源		投资款										此联由银行盖章后退回交款人
	账号	322973	交款部门		财务科										

金　额：（大写）壹拾万元整

千	百	十	万	千	百	十	元	角	分
	¥	1	0	0	0	0	0	0	0

券别	张数	百	十	万	千	百	十	元	券别	张数	千	百	十	元	角	分
百元	1 000		1	0	0	0	0	0	二元							
五十元									一元							
二十元									五角							
十元									二角							
五元									一角							

（白纸黑油墨）

此款项已如数收入账（银行盖章）

中国工商银行股份有限公司
洸河路支行
★2015.06.1★
受理专用章
收妥抵用

复核　　　　经办

3. 提取现金

凭证 3

中国工商银行
现金支票存根
编号：00000212
出票日期：2015 年 6 月 1 日

收款人：	
金额：	¥ 20 000.00
用途：	备用金
单位主管：	会计：

4. 报销费用

凭证 4a

山东省增值税专用发票　　　No.0000241

（记账联　销方记账凭证）　　　开票日期：2015 年 6 月 6 日

购货单位	名　称：任兴橱柜有限责任公司 纳税人识别号：370802196207143088 地址、电话：任兴路－3229738 开户行及账号：工商银行洸河路支行－322973				密码区	

货物或应税劳务名称	规格型号	单位	数量	单价	金额	税率	税额
环评报告				12 000.00	113 207.55	6%	6 792.45
合　计				12 000.00	113 207.55	6%	6 792.45

价税合计（大写）壹万贰仟元整　　　　¥ 12 000.00

销货单位	名　称：济宁环评检验所 纳税人识别号：38 77642 434124 地址、电话：济宁路 8 号－32934284 开户行及账号：工商银行－23243249	备注

收款人：张磊　　　复核：赵中兴　　　开票人：刘东　　　销货单位：（章）

凭证 4b

中国工商银行
转账支票存根
编号：0000000242
出票日期：2015 年 6 月 6 日

收款人：	环评检验所
金额：	￥12 000.00
用途：	环评报告费用

单位主管：　　　　会计：

凭证 4c

山东省增值税专用发票　　　　No. 0000243

（记账联　销售方记账凭证）　　开票日期：2015 年 6 月 5 日

购货单位	名　　称：任兴橱柜有限责任公司 纳税人识别号：370802196207143088 地址、电话：任兴路－3229738 开户行及账号：工商银行洸河路支行－322973				密码区	
货物或应税劳务名称	规格型号	单 位	数 量	单 价	金 额	税率	税 额

货物或应税劳务名称	规格型号	单 位	数 量	单 价	金 额	税率	税 额
复印资料费				420.00	396.00	6%	24.00
合　计				420.00	396.00		24.00

价税合计（大写）肆佰贰拾元整　　　　￥420.00

现金收讫

销货单位	名　　称：济宁毕升打字社 纳税人识别号：370802196707693990 地址、电话：毕升路1号－3229738 开户行及账号：工商银行毕升路支行－554448888	备注

000013560044033
发票专用章

收款人：朱德康　　　复核：博思　　　开票人：孙贤　　　销货单位：（章）

---

5. 租赁场地

凭证 5a

山东省房屋出租专用发票

发票联

No. 0100211
开票日 2015 年 6 月 5 日

承租方名称	任兴橱柜有限责任公司			房屋坐落地点		任兴路8号								
出租方名称	济宁宏利工厂			合同编号	2015－6－1	付款方式		转支						
项　目	计租时间				计租面积 （m²）	单位租金	金额							
	起	止	单位	数量			十	万	千	百	十	元	角	分
厂房房租	15.6.1	19			4 000	24.00	￥	9	6	0	0	0	0	0

000013530044022
发票专用章

合计　人民币（大写）⊗佰⊗拾玖万陆仟零佰零拾零元零角零分　　　￥96 000.00

开票人：胡倩　　　收款人：　　　收款单位（发票专用章）

凭证 5b

中国工商银行
转账支票存根
编 号： 000000212
出票日期：2015 年 6 月 5 日

收款人： 胡倩	
金额： ￥96 000.00	
用途： 本年厂房租赁费	

单位主管：　　　会计：

凭证 5c

租赁房屋接收表

2015 年 6 月 6 日

接收部门	房屋面积	单位租金	租金总额
企管办	580	24	13 920.00
销售科	20	24	480.00
基本车间	3 400	24	81 600.00
合计	4 000	24	96 000.00

制表： 韩兴贤 　　　　审核： 蔡文彬

凭证 5d

房屋租金摊销表

2015 年 6 月 6 日

接收部门	租金总额	摊销期限（月数）	摊销额
企管办	13 920.00		
销售科	480.00		
基本车间	81 600.00		
合计	96 000.00		

制表： 韩兴贤 　　　　审核： 蔡文彬

6. 接受实物投资

凭证 6a

任兴橱柜有限责任公司材料验收单

材料科目：原材料
供应单位：刘大江股东　　　　　2015 年 6 月 5 日　　　　　收料仓库：1

材料名称	计量单位	数量		实际成本					备注
		应收	实收	买价		运杂费用	其他	合计	单位成本	
				单价	金额					
301 钢板	千克	2 000	2 000	20.00	40 000.00		—	40 000.00	20.00	飞虎
229 焊条	千克	2 000	2 000	100.00	200 000.00			200 000.00	100.00	
合计	千克	4 000	4 000		240 000.00		—	240 000.00		

记账： 蔡文彬 　　　　收料： 阚守元 　　　　制单： 金山

凭证 6b

固定资产交接单

2015 年 6 月 5 日

移交单位	刘大海股东	接收单位	销售科
固定资产名称	汽车	规格	货车
技术特征		数量	1
附属物		品牌	东风牌
建造企业		出厂或建造年月	2013 年 6 月 15 日
安装单位		完工年月	2015 年 6 月 17 日
买价	200 000.00	安装费	0.00
税金	34 000.00	固定资产原始价值	200 000.00
移交单位负责人	刘大海	接收单位负责人	刘大江

凭证 6c

固定资产交接单

2015 年 6 月 5 日

移交单位	刘大江股东	接收单位	基本车间
固定资产名称	电焊机	规格	氩弧焊电焊机
技术特征		数量	10
附属物	点焊枪	品牌	飞虎牌
建造企业		出厂或建造年月	2015 年 3 月 15 日
安装单位		完工年月	2015 年 3 月 15 日
买价	15 000.00	安装费	0.00
税金	2 550.00	固定资产原始价值	15 000.00
移交单位负责人	刘大海	接收单位负责人	刘大江

凭证 6d

山东省增值税专用发票

No.0000234

（抵扣联 购买方扣税凭证） 开票日期：2015 年 6 月 5 日

购货单位	名　称：	任兴橱柜有限责任公司				密码区			
	纳税人识别号：	370802196207143088							
	地址、电话：	任兴路－322973888							
	开户行及账号：	工商银行洸河路支行－322973							

货物或应税劳务名称	规格型号	单位	数量	单价	金额	税率	税额
货车	东风	辆	1	200 000.00	200 000.00	17%	34 000.00
合　计					200 000.00		34 000.00

价税合计（大写）贰拾叁

销货单位	名　称：	济宁东方汽贸公司	备注
	纳税人识别号：	000013560044032	
	地址、电话：	发票专用章	
	开户行及账号：		

收款人： 张凯　　　复核： 刘雪华　　　开票人： 雪敏　　　销货单位：（章）

凭证 6e

山东省增值税专用发票　　　　　　No. 0000235

（抵扣联　购买方扣税凭证）　　开票日期：2015 年 6 月 5 日

购货单位	名　　称：	任兴橱柜有限责任公司					密码区	
	纳税人识别号：	370802196207143088						
	地址、电话：	任兴路－3229738						
	开户行及账号：	工商银行洸河路支行－322973						

货物或应税劳务名称	规格型号	单　位	数　量	单　价	金　额	税　率	税　额
电焊机	飞虎	台	10	1 500.00	15 000.00	17%	2 550.00
合　计					15 000.00		2 550.00

价税合计（大写）壹万柒仟伍佰伍拾元整　　　　　　17 550.00

销货单位	名　　称：	济宁电焊机厂　000013560044054		备注
	纳税人识别号：	370805556887...		
	地址、电话：	飞虎路 9 号－3278973		
	开户行及账号：	兴业银行飞虎路支行－99997		

收款人：张华　　　复核：刘雪　　　开票人：曹慧敏　　　销货单位：（章）

7. 购买税控机及计算机

凭证 7a

山东省增值税专用发票　　　　　　No. 44556251

（记账联　销售方记账凭证）　　开票日期：2015 年 6 月 6 日

购货单位	名　　称：	任兴橱柜有限责任公司					密码区	
	纳税人识别号：	370802196207143088						
	地址、电话：	任兴路－3229738						
	开户行及账号：	工商银行洸河路支行－322973						

货物或应税劳务名称	规格型号	单　位	数　量	单　价	金　额	税　率	税　额
计算机		台	1	4 000.00	4 000.00	17%	680.00
扫描仪		台	1	3 200.00	3 200.00	17%	544.00
合　计					7 200.00		1 224.00

价税合计（大写）捌仟肆佰贰拾肆元整　　　　　　...00

销货单位	名　　称：	济宁同济　000013560044077		备注
	纳税人识别号：	370802198...		
	地址、电话：	同济路 1 号...		
	开户行及账号：	工商银行同济支行　(0537)－55993242088		

收款人：王琳　　　复核：赵华　　　开票人：黎明　　　销货单位：（章）

凭证 7b

中国工商银行
转账支票存根

X II 04448252

科　目＿＿＿＿＿＿

对方科目＿＿＿＿＿

出票日期 2015 年 6 月 6 日

收款人：	济宁同济有限责任公司
金额：	￥8 424.00
用途：	购计算机、扫描仪

单位主管：　　　会计：

凭证 7c

固定资产交接单

2015 年 6 月 6 日

移交单位	山东学通电脑公司	接收单位	财务科
固定资产名称	电脑及扫描仪	规格	奔腾
技术特征		数量	1
附属物		品牌	闪电牌
建造企业	山东电脑制造厂	出厂或建造年月	2015 年 6 月 10 日
安装单位	济宁同济有限责任公司	完工年月	2015 年 6 月 12 日
买价	7 200.00	安装费	0.00
税金		固定资产原始价值	7 200.00
移交单位负责人	刘芒	接收单位负责人	刘大江

8. 报销办税员培训费

凭证 8a

山东省服务性业缴一收费收据

2015 年 6 月 7 日

交款单位	任兴橱柜有限责任公司	支付方式	现金
金额：人民币（大写）贰佰元整		￥200.00	
收费项目	培训费	许可证号	
收费标准		计费基数	
备　注		收款单位	济宁市工业学校

会计主管：吴山　　　　出纳：陈春梅　　　　制单：张文杰

凭证 8b

```
        中国工商银行
        转账支票存根
  XⅡ04448262
  科　　目_____
  对方科目_____
  出票日期 2015 年 6 月 7 日

  收款人： 济宁市工业学校

  金额：  ￥200.00

  用途： 支付培训费

  单位主管：    会计：
```

9. 购买材料

凭证 9a

山东省增值税专用发票

（抵扣联　购买方扣税凭证）

No.373499291

开票日期：2015 年 6 月 6 日

购货单位	名　　　称：	任兴橱柜有限责任公司					密码区	
	纳税人识别号：	370802196107143018						
	地址、电话：	任兴路－3229738						
	开户行及账号：	工商银行洸河路支行－322973						

货物或应税劳务名称	规格型号	单位	数量	单价	金额	税率	税额
圆钢	303	千克	10 000	18.00	180 000.00	17%	30 600.00
合　计					180 000.00		30 600.00

价税合计（大写）贰拾壹万零陆佰元整　210 600.00	

销货单位	名　　　称：	济宁东方钢材有限公司		备注
	纳税人识别号：	37080332434888999X		
	地址、电话：	洸河路－6		
	开户行及账号：	工商银行洸河路支行－2358888		

收款人：东方朔　　　复核：刘超　　　开票人：苏畅　　　销货单位：（章）

凭证 9b

中国工商银行

转账支票存根

XⅡ0000000292

科　目 _____

对方科目 _____

出票日期：2015 年 6 月 6 日

收款人：	济宁东方钢材有限公司
金额：	￥210 600.00
用途：	材料货款

单位主管：　　　会计：

凭证 9c

山东省货物运输业增值税专用发票

发票联

开票日期：2015 年 6 月 6 日

No.33677273

承运人及纳税人识别号	名　称：	济宁万通运输有限公司		密码区		第二联 抵扣联 受票方扣税凭证
	纳税人识别号：	370832456666565				
实际受票方及纳税人识别号	任兴橱柜有限责任公司					
	纳税人识别号：	3708021961107143018				
收货人及纳税人识别号	任兴橱柜有限责任公司		发货人及纳税人识别号	济宁东方钢材有限公司		
	纳税人识别号： 3082196107143018			纳税人识别号：××××××××××		
起运地、经由、到达地			济宁中区——任城区			
费用项目及金额	费用项目　金额 运费　1 000.00		费用项目　金额	运输货物信息		
合计金额	1 000.00	%	税额	110.00	机器编号	
价税合计（大写）	壹仟壹佰壹拾元整		（小写）￥1 110.00			
车种车号			车船吨位	备注		
主管税务机关及代码						

收款人：王若男　　　复核：苏畅　　　开票人：卢新平　　　承运人：（章）

凭证 9d

中国工商银行
转账支票存根

编号：0000000275

出票日期：2015 年 6 月 6 日

收款人：济宁万通运输有限公司

金额：¥1 110.00

用途：材料运费款

单位主管：　　会计：

凭证 9e

收　据

2015 年 6 月 6 日

收款人：张明之

今收到：任兴橱柜有限责任公司装卸费

人民币：伍佰元整

用途：股东投资

单位盖章：供应科　　会计：张帆　　出纳：江沧红　　经手人：张明之

凭证 9f

任兴橱柜有限责任公司材料验收单

材料科目：原材料

供应单位：济宁东方钢材有限公司　　2015 年 6 月 6 日　　收料仓库：1

材料名称	计量单位	数量		实际成本						备注
		应收	实收	买价		运杂费用	其他	合计	单位成本	
				单价	金额					
303 钢板	千克	10 000	10 000	18.00	180 000.00	1 500.00	—	181 500.00	18.15	
合计	千克	10 000	10 000	18.00	180 000.00	1 500.00				

记账：韩兴贤　　收料：阚守元　　制单：蔡文彬

10. 销售产品

凭证 10a

产品出库单

购买单位：山东阳光助剂有限公司　　运输方式：自提

仓库编号：04　　编号：0711

产品名称	规格	单位	数量	单位售价	金额	备注
橱柜	101#	台	100	4 000	468 000	

销售部门：　　发货人：阚守元　　提货人：

凭证 10b

山东省增值税专用发票

No.00000282

（记账联 销方记账凭证）

开票日期：2015 年 6 月 9 日

购货单位	名　　　称：	山东阳光助剂有限公司					密码区	
	纳税人识别号：	370802314456788899						
	地址、电话：	济宁阳光路－2032133						
	开户行及账号：	工商银行洸河路支行　13863749911						

货物或应税劳务名称	规格型号	单位	数量	单价	金额	税率	税额
橱柜	101	台	100	4 000.00	400 000.00	17％	68 000.00
合　计					400 000.00		68 000.00

价税合计（大写）肆拾陆万捌仟　　

销货单位	名　　　称：	任兴橱柜		备注
	纳税人识别号：	000013560044008		
	地址、电话：	任兴路		
	开户行及账号：	工商银行洸河路支行－322973		

收款人： 金山　　　复核： 蔡文彬　　　开票人： 钱多多　　　销货单位：（章）

凭证 10c

工商银行进账单（回单）

2015 年 6 月 8 日

NO. 203214283

付款人	全　称	山东阳光助剂有限公司	收款人	全　称	任兴橱柜有限责任公司
	账　号	13863749911		账　号	18613692501
	开户银行	中国工商银行济宁分行洸河路支行		开户银行	工商银行洸河路支行

金额	人民币（大写）肆拾陆万捌仟元整	亿	千	百	十	万	千	百	十	元	角	分
				￥	4	6	8	0	0	0	0	0

票据种类	其他	票据张数	
			开户银行盖

此联是开户银行交给持（出）票人的回单

---

11. 购买材料

凭证 11a

山东省增值税专用发票

No.0000000292111

（抵扣联 购方扣税凭证）

开票日期：2015 年 6 月 9 日

购货单位	名　　　称：	任兴橱柜有限责任公司					密码区	
	纳税人识别号：	370802196207143088						
	地址、电话：	任兴路－322973888						
	开户行及账号：	工商银行洸河路支行－322973						

货物或应税劳务名称	规格型号	单位	数量	单价	金额	税率	税额
钢板	301	千克	5 000	20.00	100 000.00	17％	17 000.00
合　计					100 000.00		17 000.00

价税合计（大写）壹拾壹万柒仟元整　　￥117 000.00

销货单位	名　　　称：	济宁东方钢材有限公司		备注
	纳税人识别号：	37080332434888999X		
	地址、电话：	洸河路 666 号 23866666		
	开户行及账号：	工商银行洸河路支行－2358888		

收款人： 东方朔　　　复核： 刘超　　　开票人： 苏畅　　　销货单位：（章）

凭证 11b

任兴橱柜有限责任公司材料验收单

材料科目：原材料

供应单位：济宁东方钢材有限公司　　　　　2015 年 6 月 9 日　　　　　收料仓库：2

材料名称	计量单位	数量		实际成本						备注
		应收	实收	买价		运杂费用	其他	合计	单位成本	
				单价	金额					
301 钢板	千克	5 000	5 000	20.00	100 000.00		—	100 000.00	20.00	
合计	千克	5 000	5 000	20.00	100 000.00		—	100 000.00	20.00	

记账： 韩兴贤　　　　收料： 阚守元　　　　制单： 蔡文彬

---

12. 报销办公用品费

凭证 12

山东省国家税务局通用定额发票

000013560044066

发票专用章

兑奖联

发票代码　1370813502101

发票号码

密码：　　　现金付讫　　元

（加盖发票专用章有效）

鲁国税发票字〔2013〕0485 号卷数 0.7 万本×50×3

* 菏泽票证印刷所 2013 年 10 月印 *

发票代码　1370813502101

发票号码

奖区

1. 刮开奖区覆盖层后 显示中奖后中奖金额或"谢谢您"
2. 在兑奖前不得将发票联合兑奖联撕开。否则，不予兑奖。

---

13. 购料

凭证 13a

山东省增值税专用发票

No.000002122

（发票联　购货方记账凭证）　　开票日期：2015 年 6 月 10 日

购货单位	名　　称：	任兴橱柜有限责任公司
	纳税人识别号：	37080219617143018
	地址、电话：	任兴路－3229738
	开户行及账号：	工商银行洸河路支行－322973

密码区

货物或应税劳务名称	规格型号	单位	数量	单价	金额	税率	税额
办公耗材	A4		10	50.00	500.00	%	85.00
其他用品					1 000.00		170.00
合　计					1 500.00		255.00

价税合计（大写）壹仟柒佰伍拾伍元整

销货单位	名　　称：	济宁电脑有限责任公司
	纳税人识别号：	37080322244487566
	地址、电话：	同济路 22 号－2032147
	开户行及账号：	工商银行同济支行－559923324288

000013560047324

发票专用章

备注

收款人： 钱阳忠　　　复核： 东方华　　　开票人： 欧阳宏　　　销货单位：（章）

凭证 13b

山东省增值税专用发票

No.0000432117

（发票联   购货方记账凭证）

开票日期：2015 年 6 月 10 日

购货单位	名　　　称：任兴橱柜有限责任公司 纳税人识别号：37080219617143018 地址、电话：任兴路－3229738 开户行及账号：工商银行洸河路支行－322973				密码区	

货物或应税劳务名称	规格型号	单 位	数 量	单 价	金 额	税率	税 额
角钢	304	千克	10 000	22.00	220 000.00	17%	37 400.00
合　　计					220 000.00		37 400.00

价税合计（大写）贰拾伍万柒仟肆佰元整　¥257 400.00

销货单位	名　　　称：济宁东方钢材有限公司 纳税人识别号：37080219617143018 地址、电话：洸河路 6 号－2358888 开户行及账号：工商银行洸河路支行－2358888				备注	

收款人：东方朔　　　复核：刘超　　　开票人：苏畅　　　销货单位：（章）

凭证 13c

公路、内河货物运输业统一发票

No.0000432119

发票联
发票专用章

发票代码：00002112
发票号码：0004342112

开票日期：2015－6－10

机打代码		税控码	略	
机打代码	9988789999890			
机器编号	443322334			
收货人及 纳税人识别号	任兴橱柜有限责任公司 370802196207143088	承运人及 纳税人识别号	济宁远大运输公司 370804242444	
发货人及 纳税人识别号	济宁东方钢材有限公司 370807796207143099	主管税务 机关及代码	济宁市地方税务局任城分局 370842424222229	

运输项目及金额	货物名称		角钢	其他项目及金额	费用名称	金额	备注：（手写无效）
	数量（千克）		5 000		搬运装卸费	0	起运地：任城
	单位运价				仓储费	0	到达地：任城
	计费里程				保险费	0	车（船）号：
	运费金额		800.00		其他	0	鲁 H50079 代开单位章
运费小计				他费用小计		¥0.00	
合计（大写）	人民币：捌佰元整						
代开单位 及代码							

开票人：李芳

注：此件为复印件，原件交给购货方

凭证 13d

任兴橱柜有限责任公司材料验收单

材料科目：原材料

供应单位：济宁东方钢材有限公司　　　　2015 年 6 月 10 日　　　　收料仓库：2

材料名称	计量单位	数量		实际成本						备注
		应收	实收	买价		运杂费用	其他	合计	单位成本	
				单价	金额					
301 钢板	千克	10 000	10 000	22.00	220 000.00	800.00	—	220 800.00	22.08	
合计	千克	10 000	10 000	22.00	220 000.00	800.00		220 800.00	22.08	

记账：韩兴贤　　　　收料：阎守元　　　　制单：蔡文彬

14. 支付货款

凭证 14a

中国工商银行
转账支票存根
编号：8879332121
出票日期：2015 年 6 月 10 日

收款人：	济宁东方钢材有限公司
金额：	￥257 400.00
用途：	材料货款

单位主管：　　　　会计：

凭证 14b

中国工商银行
转账支票存根
编号：8879332122
出票日期：2015 年 6 月 10 日

收款人：	济宁远大运输公司
金额：	￥800.00
用途：	材料运输费款

单位主管：　　　　会计：

15. 办理银行承兑汇票购买材料

凭证 15a

银行承兑汇票

出票日期　贰零壹伍年零陆月壹拾伍日　　　　　9000000000502131

出票人全称	任兴橱柜有限责任公司	收	全　　称	
出票人账号	322973	款	账　　号	
付款行全称	工商银行洸河支行	人	开户银行	

出票金额	人民币大写：贰拾叁万肆仟元整	亿	千	百	十	万	千	百	十	元	角	分
				¥	2	3	4	0	0	0	0	0

汇票到期日　贰零壹伍年玖月壹拾伍日
承兑协议号　2015-06-666

本汇票请你行承兑，　　本汇票已经承兑，到期日由本行付款
到期无条件付款

承兑行签章
承兑日期　年　月　日

出票人签章

备注：

复核　　　　记账

（印章：任兴橱柜有限责任公司财务专用章）
（印章：海刘印大）
（印章：工商银行洸河路支行（8）转账付讫）
（签章：郭雷）

凭证 15b

山东省增值税专用发票　　　　No.0000002132

（发票联　购货方记账凭证）　　开票日期：2015 年 6 月 15 日

购货单位	名　　称：	任兴橱柜有限责任公司	密码区	
	纳税人识别号：	370802196107143018		
	地址、电话：	任兴路－3229738		
	开户行及账号：	工商银行洸河路支行－322973		

货物或应税劳务名称	规格型号	单　位	数　量	单　价	金　额	税　率	税　额
钢板	301	千克	10 000	20.00	200 000.00	17%	34 000.00
合　计					200 000.00		34 000.00

价税合计（大写）贰拾叁万肆仟元整　　　¥234 000.00

销货单位	名　　称：	济宁东方钢材有限公司	备注	
	纳税人识别号：	37080332434888999X		
	地址、电话：	洸河路666－28666666		
	开户行及账号：	工商银行洸河路支行－2358888		

收款人：东方朔　　　复核：刘超　　　开票人：苏畅　　　销货单位：（章）

（印章：山东省国税发票监制章）
（印章：济宁东方钢材有限公司 00001356004600 发票专用章）

凭证 15c

任兴橱柜有限责任公司材料验收单

材料科目：原材料

供应单位：济宁东方钢材有限公司　　　　2015 年 6 月 15 日　　　　收料仓库：2

材料名称	计量单位	数量		实际成本					备注
		应收	实收	买价		运杂费用	其他	合计	单位成本	
				单价	金额					
301 钢板	千克	10 000	10 000	20.00	200 000.00		—	200 000.00	20.00	
合计	千克	10 000	10 000	20.00	200 000.00			200 000.00	20.00	

记账：韩兴贤　　　　　　收料：阚守元　　　　　　制单：蔡文彬

16. 购买周转材料

凭证 16a

山东省国家税务局通用机打发票(电子)

发票专用章

发票代码：1386377392141

开票日期： 2015－06－15	行业分类： 商业		发票号码： 2035350

付款方名称： 任兴橱柜有限责任公司

付款方纳税人识别号　37086219610714

品名	规格型号	单位	数量	单价	金额
劳保服装		套	50	100.00	5 000.00
耐热手套		副	20	10.00	200.00
洗衣粉		袋	80	15.00	1200.00
肥皂		块	100	50.00	500.00

（手写无效）

小写金额合计： ￥6 900.00	大写金额合计：	人民币陆仟玖佰元整

收款方名称： 济宁劳保用品有限公司
收款方纳税人识别号：37080273478

济宁劳保用品有限公司
000013560047066
发票专用章

地址、 电话：

开户行及账号： 齐鲁银行： 2897723

开票单位(盖章有效)	开票人： 吴兰花	电子发票服务网址： www. chian. shand. com

凭证 16b

任兴橱柜有限责任公司材料验收单

材料科目：周转材料

供应单位：济宁劳保用品有限公司　　　　2015 年 6 月 15 日　　　　收料仓库：3

材料名称	计量单位	数量		实际成本					备注
		应收	实收	买价		运杂费用	其他	合计	单位成本	
				单价	金额					
工作服	套	50	50	100.00	5 000.00		—	5 000.00	100.00	
耐热手套	副	20	20	10.00	200.00		—	200.00	10.00	
洗衣粉	袋	80	80	15.00	1 200.00		—	1 200.00	15.00	
肥皂	块	100	100	5.00	500.00			500.00	5.00	
合计					6 900.00			6 900.00		

记账： 韩兴贤　　　　收料： 阚守元　　　　制单： 蔡文彬

凭证 16c

山东省增值税专用发票

No. 00002143

（发票联 购货方记账凭证）　　开票日期：2015 年 6 月 15 日

购货单位	名　　　称：任兴橱柜有限责任公司
	纳税人识别号：370802196107143018
	地址、电话：任兴路－3229738
	开户行及账号：工商银行洸河路支行－322973

密码区

货物或应税劳务名称	规格型号	单 位	数 量	单 价	金 额	税 率	税 额
办公桌		张	15	600	9 000.00	17%	1 530.00
办公椅		把	15	100	1 500.00		255.00
合 计					10 500.00		1 785.00

价税合计（大写）壹万贰仟贰佰捌拾伍元　　　　　¥12 285.00

销货单位	名　　　称：济宁富鸿家具厂	备注
	纳税人识别号：37080	
	地址、电话：鸿路3	
	开户行及账号：农业银行　鸿路支行　553399999	

收款人：东方朔　　复核：刘超　　开票人：王二　　销货单位：（章）

凭证 16d

任兴橱柜有限责任公司材料验收单

材料科目：周转材料

供应单位：济宁劳保用品有限公司　　　2015 年 6 月 15 日　　　收料仓库：04

材 料 名 称	计 量 单 位	数　量		实　际　成　本					备注
		应 收	实 收	买 价	运杂费用	其他	合 计	单位成本	
				单 价	金 额					
办公桌	张	15	15	600	9 000				
办公椅	把	15	15	100	1 500				
合 计					10 500.00			10 500.00	

记账：韩兴贤　　　收料：阚守元　　　制单：蔡文彬

凭证 16e

```
        中国工商银行
        转账支票存根

   编号：887932145
   出票日期：2015 年 6 月 10 日

   ┌──────────────────────────┐
   │ 收款人：济宁劳保用品有限公司 │
   ├──────────────────────────┤
   │ 金额：￥6 900.00          │
   ├──────────────────────────┤
   │ 用途：工作服等周转材料款    │
   └──────────────────────────┘

   单位主管：　　会计：
```

凭证 16f

```
        中国工商银行
        转账支票存根

   编号：887932146
   出票日期：2015 年 6 月 10 日

   ┌──────────────────────────┐
   │ 收款人：济宁富鸿家具厂      │
   ├──────────────────────────┤
   │ 金额：￥12 285.00         │
   ├──────────────────────────┤
   │ 用途：办公桌椅款           │
   └──────────────────────────┘

   单位主管：　　会计：
```

17. 支付广告费

山东省济宁市服务业、娱乐业、文化体育通用发票（卷）

发票专用章

发票联

密　码 PASSWORD：					除付款单位外手写无效
发票代码 INVOICECODE：	237081400110				
发票号码 INVOICENo.：	004479072151				
机打票号 PRINTINGNo.：					
机器编号 PRECEIVERNo.：					
收款单位 PAYEE：					
税　务　登　记					
开票日期 DATEISSUED：	2015.6.15	收款员：	柳斌		
付款单位（个人）PAYER：	任兴日报社				
经营项目：	广告费 000013560044008	金额：		50000.00	收款单位签记账联
合计（小写）：￥50000.00					
合计（大写）：伍万元整					
税控码：					
兑奖联					
	奖　区 AWARDAREA	密　码 PASSWORD			
发票代码 INVOICECODE：	237080900110				
发票号码：INVOICENo.	00447907				

发票专用章

中国工商银行

转账支票存根

编号： 0000002152

出票日期：2015 年 6 月 15 日

收款人：	任兴日报社
金额：	￥50 000.00
用途：	广告费用

单位主管：　　　　会计：

18. 慈善捐赠

凭证 18a

山东省公益事业捐赠票据

SHANDONG INVOIC OF DONATION FOR PUBLIC WELFARE

2015 年 6 月 15 日   No.301000392161

捐赠人 Donor：   Y   M   D   校验码：

捐赠项目 Item	实物(货币)种类 Material Objects(Currency)	数量 Quantity	金额 Total amount
抗震救灾			50 000.00

金额合计(小写)In Figures：￥ 50 000.00

金额合计(大写)In Words：伍万元整

接收单位(盖章)：   复核人：   经办人：
Receiver's Seal   Verified by   Handling Person

感谢您对公益事业的支持！ Thank you for support of public welfare!

第一联 存根 The First Stub

112印制 印制业务件：2013-Y-10002

凭证 18b

中国工商银行

转账支票存根

编号： 000002162

科　　目＿＿＿＿＿＿＿

对方科目＿＿＿＿＿＿＿

日期：2015 年 6 月 15 日

| 收款人：任兴慈善总会 |
| 金额：￥50 000.00 |
| 用途：捐赠抗震救灾 |

单位主管：　　会计：

---

19. 购买办公用品

凭证 19a

山东省国家税务局通用机打发票(电子)

发票专用章
发票联

发票代码：13863749911

开票日期：2015－06－15	行业分类：商业				发票号码：2032171	
付款方名称：任兴橱柜有限责任公司						
付款方纳税人识别号	37080219610714					
品名	规格型号	单位	数量	单价	金额	
办公桌椅		套	5	800.00	4 000.00	
稿纸		本	50	10.00	500.00	
计算器		个	10	60.00	600.00	
账本		本	10	10.00	100.00	
小写金额合计：￥5 200.00	人民币大写： 伍仟贰佰元整					
收款方名称：济宁海天物资有限公司						
收款方纳税人识别号：370817208	000013560044044					
地址、电话：海天路99号 (0537) 2032945						
开户行及账号：济宁银行：5506784						

(手写无效)

收讫

济宁劳保用品有限公司
发票专用章

凭证 19b

中国工商银行
转账支票存根
编号：33887642172
出票日期：2015 年 6 月 15 日

收款人：	济宁海天物资有限公司
金额：	￥5200.00
用途：	办公用品

单位主管：　　　　会计：

---

20. 发料

凭证 20a

领　料　单　　　　　　　　　　　　　　　No. 2722181

领料部门：基本车间　　　　　　　2015 年 6 月 6 日

| 编号 | 名称 | 型号及规格 | 单位 | 数量 | | 实际价格 | |
				请领	实领	单价	总价
	钢板	301	千克	5 000	5 000		
	圆钢	303	千克	5 000	5 000		
	角钢	304	千克	5 000	5 000		
用途	生产 101♯和 102♯橱柜，其单位重量分别为 30 千克和 20 千克。						

发料：　阚守元　　　　　　　　　领料人：　李华

二　财务科核算

凭证 20b

领　料　单　　　　　　　　　　　　　　　No. 2722182

领料部门：基本车间　　　　　　　2015 年 6 月 10 日

| 编号 | 名称 | 型号及规格 | 单位 | 数量 | | 实际价格 | |
				请领	实领	单价	总价
	工作服			10	10	100	1 000
	手套			10	10	10	100
	洗衣粉			10	10	15	150
	肥皂			10	10	5	50
	合计						1 300
用途	车间生产人员						

发料：　阚守元　　　　　　　　　领料人：　李华

二　财务科核算

凭证 20c

领 料 单　　　　　　　No. 2032183

领料部门：行政部门　　　　2015 年 6 月 11 日

编号	名称	型号及规格	单位	数量		实际价格	
				请领	实领	单价	总价
	工作服			7	7	100	700
	洗衣粉			7	7	15	105
	肥皂			7	7	5	35
用途	公司办公室、 财务科、 仓库人员使用						

发料：阚守元　　　　　　　　领料人：李华

二、财务科核算

凭证 20d

领 料 单　　　　　　　No. 2032184

领料部门：销售科　　　　2015 年 6 月 12 日

编号	名称	型号及规格	单位	数量		实际价格	
				请领	实领	单价	总价
	工作服			1	1	100	100
	洗衣粉			1	1	15	15
	肥皂			1	1	5	5
用途	钱多多使用						

发料：阚守元　　　　　　　　领料人：李华

二、财务科核算

凭证 20e

领 料 单　　　　　　　No. 2722185

领料部门：基本车间　　　　2015 年 6 月 13 日

编号	名称	型号及规格	单位	数量		实际价格	
				请领	实领	单价	总价
	钢板	301	千克	1 000	1 000		
用途	生产 102# 橱柜						

发料：阚守元　　　　　　　　领料人：李华

二、财务科核算

凭证 20f

领 料 单　　　　　　　NO202187

领料部门：基本车间　　　　2015 年 6 月 15 日

编号	名称	型号及规格	单位	数量		实际价格	
				请领	实领	单价	总价
	办公桌		张	2	2	600	1 200
	办公椅		把	2	2	100	200
	合计						1 400.00
用途	车间办公用						

发料：　　　　　　　　领料人：

二、财务科核算

凭证 20g

领料部门：企管办

领 料 单

No. 202188

2015 年 6 月 15 日

编号	名称	型号及规格	单位	数量		实际价格	
				请领	实领	单价	总价
	办公桌		张	4	4	600	2 400
	办公椅		把	4	4	100	400
	合计						2 800.00
用途	企业管理办公室用						

发料：　　　　　　　　　　　　　领料人：

凭证 20h

领料部门：销售科

领 料 单

No. 202189

2015 年 6 月 15 日

编号	名称	型号及规格	单位	数量		实际价格	
				请领	实领	单价	总价
	办公桌		张	1	1	600	600
	办公椅		把	1	1	100	100
用途	钱多多使用						

发料： 阚守元　　　　　　　　　领料人： 李华

二 财务科核算

21. 产品入库

凭证 21a

交库单位

完工产品入库单

仓库　04

2015 年 6 月 8 日

编号　No. 202191

产品编号	产品名称	规格	单位	送检数量	检验结果		实收数量	备注
					合格	不合格		
101#	橱柜		套	100	100		100	

车间负责人　　　　检验员： 李华　　　　　　保管员： 阚守元

凭证 21b

交库单位

完工产品入库单

仓库　04

2015 年 6 月 10 日

编号　No. 202192

产品编号	产品名称	规格	单位	送检数量	检验结果		实收数量	备注
					合格	不合格		
101#	橱柜		套	50	50		50	

车间负责人　　　　检验员： 李华　　　　　　保管员： 阚守元

凭证 21c

完工产品入库单

仓库　04

交库单位　　　　　　　　　　　　　　　2015 年 6 月 12 日　　　　　　　　　　编号　No. 202193

产品编号	产品名称	规格	单位	送检数量	检验结果		实收数量	备注
					合格	不合格		
102#	橱柜		套	20	20		20	

车间负责人　　　　　　　　检验员：李华　　　　　　　　保管员：阚守元

---

22. 支付业务招待费

凭证 22a

山东省地方税务局通用机打发票

记发票联 联

发票代码　13863749911
发票号码　3229732201

开票日期　　2015 年 6 月 15 日　　　　　行业分类：餐饮业

纳税人识别号：37080219610714		机打号码 3018		
机器编号：006657688		税控防伪码：0908071234		
付款户名：	任兴橱柜有限责任公司		付款方式	转账
服务项目及摘要	单位	数量	单价	金额
餐饮				34 500.00
合计(人民币大写)叁万肆仟伍佰元整				￥34 500.00
备注：				
开票人：　周庆莉	收款人　周庆莉		收款单位盖章	手写无效

凭证 22b

中国工商银行
转账支票存根

编号：00002202
出票日期：2015 年 6 月 15 日

收款人：山东土豪饭庄
金额：￥34 500.00
用途：支付定点饭店餐费

单位主管：　　　　会计：

23. 支付资料复印费

凭证23

<table>
<tr><td colspan="6" align="center">山东省增值税普通发票</td><td colspan="3">No.0000002211</td></tr>
<tr><td colspan="4" align="center">（记账联　销货方记账凭证）</td><td colspan="5">开票日期：2015 年 6 月 15 日</td></tr>
</table>

购货单位	名　　　称：	任兴橱柜有限责任公司				密码区		
	纳税人识别号：	370802196207143088						
	地址、电话：	任兴路－3229738						
	开户行及账号：	工商银行洸河路支行－322973						

货物或应税劳务名称	规格型号	单 位	数 量	单 价	金 额	税 率	税 额
打印资料费				500.00	472.00	6%	28.00
合　计				500.00	472.00		28.00

价税合计（大写）伍佰元整	￥500.00	现金付讫	

（印章：济宁毕升打字社 发票专用章 000013560044008）

销货单位	名　　　称：	济宁毕升打字社			备注
	纳税人识别号：	00 99983			
	地址、电话：	任兴路－2032165			
	开户行及账号：	任兴银行－3298334			

收款人： 朱德康　　　复核： 博思　　　开票人： 孙贤　　　销货单位：（章）

24. 销售 301# 钢板

凭证24a

<table>
<tr><td colspan="6" align="center">山东省增值税专用发票</td><td colspan="3">No.0000002221</td></tr>
<tr><td colspan="4" align="center">（发票联　购货方记账凭证）</td><td colspan="5">开票日期：2015 年 6 月 15 日</td></tr>
</table>

（印章：山东省税务 监制章）

购货单位	名　　　称：	任兴钢材有限责任公司				密码区		
	纳税人识别号：	37080424242424						
	地址、电话：	任兴路 4 号－2032134						
	开户行及账号：	工商银行洸河路支行 556632499						

货物或应税劳务名称	规格型号	单 位	数 量	单 价	金 额	税 率	税 额
钢板	301	千克	4 000	30.00	120 000.00	17%	20 400.00
合　计					120 000.00		20 400.00

价税合计（大写）壹拾肆万零肆佰元整	￥140 400.00

（印章：任兴橱柜有限责任公司 发票专用章 000013560044008）

销货单位	名　　　称：	任兴橱柜有限责任公司			备注
	纳税人识别号：	370802196207143088			
	地址、电话：	任兴路－3229738			
	开户行及账号：	工商银行洸河路支行－322973			

收款人： 金山　　　复核： 蔡文彬　　　开票人： 钱多多　　　销货单位：（章）

工商银行进账单（回单）

2015 年 6 月 15 日　　　　　　　　　　　　No. 202222

出票人	全　称	任兴钢材有限责任公司	收款人	全　称	任兴橱柜有限责任公司
	账　号	2034356		账　号	2032137
	开户银行	工商银行济宁分行		开户银行	工商银行洮河路支行

金额	人民币（大写）：壹拾肆万零肆佰元整	百	十	万	千	百	十	元	角	分
		¥	1	4	0	4	0	0	0	0

票据种类	转支	票据张数	1
票据号码	39873263		

复核　　　　　记账

工商银行洮河路支行
（8）
转账收讫
开户银行盖

此联是开户银行交给持（出）票人的回单

材料出库单

2015 年 6 月 15 日　　　　　　　　　　　　No. 40324

购买单位：　　　　　　　　　　　　　　　　　运输方式：自提
仓库号码　　　　　　　　　　　　　　　　　　编号：012223

产品名称	规格	单位	数量	单位售价	金额	备注
钢板	301#	千克	4 000	30	12 000	

销售部门：钱多多　　　　　发货人：阙守元　　　　　　　提货人：

---

25. 预借差旅费

个人申请借款公用款审批单

借款人姓名	钱多多	工作单位	销售科
借款金额（大写）	叁仟元整	¥：3 000.00	

借款事由：安排钱多多一人于 7 月 1 日出差南京开订货会。	现金付讫　还款时间　　年 月 日
	计划还款时间：2015 年 7 月 6 日
财务部门负责人 审查意见　江刘印大	蔡文彬　　　2015 年 6 月 25 日
分管领导审批（查）意见　2015 年 6 月 26 日	单位主要领导签批意见　海刘印大　2015 年 6 月 27 日

26. 销售102#橱柜

凭证 26a

山东省增值税专用发票   No.0000002241

（发票联   购货方记账凭证）   开票日期：2015 年 6 月 25 日

购货单位	名　　　称： 东方大饭庄公司 纳税人识别号： 00043204354 地址、电话： 东方路 1 号－2232974 开户行及账号： 工商银行东方路支行－556642434					密码区	

货物或应税劳务名称	规格型号	单位	数量	单价	金额	税率	税额
橱柜	102	套	2	20 000.00	40 000.00	17%	6 800.00
合　计					40 000.00		6 800.00

价税合计(大写)肆万陆仟捌佰元整 　*46800.00

销货单位	名　　　称： 任兴橱柜有限责任公司 纳税人识别号： 37080219620143088 地址、电话： 任兴路－3229738 开户行及账号： 工商银行洸河路支行－322973					备注	

收款人： 金山   复核： 蔡文彬   开票人： 钱多多   销货单位：（章）

凭证 26b

产品出库单

购买单位   2015 年 6 月 25 日   运输方式　自提

仓库号码　04   编号

产品名称	规格	单位	数量	单位售价	金额	备注

销售部门： 钱多多   发货人： 阚守元   提货人：

27. 销售产品收到货款

凭证 27a

山东省增值税专用发票   No.0000002251

（发票联   购货方记账凭证）   开票日期：2015 年 6 月 25 日

购货单位	名　　　称： 任兴橱柜经销公司 纳税人识别号： 370804242442455 地址、电话： 任兴路 55 号－2032131 开户行及账号： 工商银行任兴支行－55993234445					密码区	

货物或应税劳务名称	规格型号	单位	数量	单价	金额	税率	税额
橱柜	101	套	40	4 000.00	160 000.00	17%	27 200.00
合　计					160 000.00		27 200.00

价税合计(大写)壹拾捌万柒仟贰佰元整 　*187200.00

销货单位	名　　　称： 任兴橱柜有限责任公司 纳税人识别号： 37080219620143088 地址、电话： 任兴路－3229738 开户行及账号： 工商银行洸河路支行－322973					备注	

收款人： 金山   复核： 蔡文彬   开票人： 钱多多   销货单位：（章）

凭证 27b

工商银行进账单(回单)

2015 年 6 月 25 日

出票人	全　称	任兴橱柜经销公司	收款人	全　称	任兴橱柜有限责任公司
	账　号	55993234445		账　号	322973
	开户银行	工商银行任兴分行		开户银行	工商银行洮河路支行

金额	人民币(大写)：壹拾捌万柒仟贰佰元整	百	十	万	千	百	十	元	角	分
		¥	1	8	7	2	0	0	0	0

票据种类	转支	票据张数	1
票据号码	39873275		

复核　　　记账

（盖章：工商银行洮河路支行（8）转账复核）

此联是开户银行交给持(出)票人的回单

凭证 27c

产品出库单

购买单位：　　　　　　　　　　2015 年 6 月 25 日　　　　　　运输方式：自提

仓库号码　　04　　　　　　　　　　　　　　　　　　　　　　编号：

产品名称	规格	单位	数量	单位售价	金额	备注

销售部门：钱多多　　　　　　发货人：阚守元　　　　　　提货人：

---

28. 购买印花税票

凭证 28

中华人民共和国印花税票销售凭证

填发日期：2015 年 6 月 25 日　　　　　　　　No. 32292261

购买单位	任兴橱柜有限责任公司			购买人	金山	
购买印花税票						
面值种类	数量	金额		面值种类	数量	金额
壹角票				伍元票	40	200.00
贰角票				拾元票		
伍角票				伍拾元票		
壹元票				壹佰元票		
贰元票				总计		200.00

（盖章：现金科讫）

金额总计(大写)：⊗佰⊗拾⊗万⊗仟贰佰零拾零元零角零分　¥ 200.00

销售单位 (盖章)		收票人：郑华(盖章)	备注	

第二联　(收据)购票单位报销凭证

29. 支付排污费

凭证 29a

济宁市财政局

行政事业性收费统一票证

缴款单位：任兴橱柜有限责任公司　2015 年 6 月 25 日　市财政甲字　　号

收费内容	计费数量	收费标准	金额	说明
排污费	立方米	1/0.	10 000.00	
合计			￥10 000.00	
合计人民币（大写）壹万元整				

收款单位（章）　　　　　　　收款人（章）

凭证 29b

委托银行收款结算凭证

委邮　　　　　　　　（支款通知）　　　　　　委收号码第 0032272

付款期限 2015 年 6 月 26 日　　　　　　　委托日期 2015 年 6 月 23 日

收款单位	全称	济宁污水排放管理处	付款单位	全称	任兴橱柜有限责任公司
	账号	40150		账号	322973
	开户银行	建行济宁支行		开户银行	工商银行洸河路支行
委收金额		人民币（大写）壹万元整			￥10 000.00
款项内容	排污费	委托收款凭据名称		附寄单证张数	1
备注：银行结算专用章		付款单位注意：			

单位主管　　会计　　复核　　记账　　付款单位开户银行盖章

30. 支付培训费

凭证 30a

山东省非税收入通用票据

缴款人：金山　　　　　　　　　　　　　　　No.10105872281

执行单位编码：2015 年 6 月 26 日　　校验码：

项目编码	项目名称	单位	数量	标准（元）	金额（元）	
J322973	培训费		3	200.00	600.00	第三联 留存付款银行存根或随支票
	合计				600.00	
金额合计（大写）：陆佰元整				（小写）：600.00		

执收单位（公章）：　　　　　复核人：张宁　　　　　经办人：

凭证 30b

中国工商银行

转账支票存根

编号：00000002282

出票日期：2015 年 6 月 26 日

收款人：	济宁市高级职业学校
金额：	￥600.00
用途：	会计培训费

单位主管：　　　会计：

31. 发料

凭证 31a

领　料　单　　　　No.2722291

领用部门：基本车间　　　2015 年 6 月 26 日

编号	名称	型号及规格	单位	数量		实际价格	
				请领	实领	单价	总价
	钢板	301	千克	1 000	500		
	圆钢	303	千克	1 000	1 000		
	角钢	304	千克	1 000	1 000		
用途	生产 101# 和 102# 橱柜，其产品单位重量分别为 30 千克和 20 千克。						

发料人：阎守元　　　　　领料：李华

凭证 31b

领　料　单　　　　No.2722292

领用部门：基本车间　　　2015 年 6 月 30 日

编号	名称	型号及规格	单位	数量		实际价格	
				请领	实领	单价	总价
	工作服			10	10	100	1 000
	手套			10	10	10	100
	洗衣粉			10	10	15	150
	肥皂			10	10	5	50
	合计						1 300
用途	车间生产人员						

发料人：阎守元　　　　　领料：李华

二　财务科核算

凭证 31c

领　料　单

No. 2722293

领用部门：行政部门　　　　　　　　2015 年 6 月 30 日

编号	名称	型号及规格	单位	数量		实际价格	
				请领	实领	单价	总价
	工作服			7	7	100	700
	洗衣粉			7	7	15	105
	肥皂					5	35
用途	公司办公室、财务科、仓库人员使用						

二 财务科核算

发料人：阚守元　　　　　　　　　领料：李华

凭证 31d

领　料　单

No. 2722294

领用部门：销售科　　　　　　　　2015 年 6 月 30 日

编号	名称	型号及规格	单位	数量		实际价格	
				请领	实领	单价	总价
	工作服			1	1	100	100
	洗衣粉			1	1	15	15
	肥皂				1	5	5
用途	钱多多使用						

二 财务科核算

发料人：阚守元　　　　　　　　　领料：李华

凭证 31e

领　料　单

No. 2722295

领用部门：基本车间　　　　　　　　2015 年 6 月 27 日

编号	名称	型号及规格	单位	数量		实际价格	
				请领	实领	单价	总价
	角钢	304	千克	1 000	1 000		
用途	生产 101＃橱柜						

二 财务科核算

发料人：阚守元　　　　　　　　　领料：李华

凭证 31f

发料凭证汇总表

2015 年 6 月 30 日 　　　　　　　　　No. 202296

材料名称＼用途	橱柜总重量 101#	橱柜总重量 102#	小计	橱柜 101#	橱柜 102#	小计	直接耗用	合计	基本车间	管理部门	销售科	总计
钢板												
圆钢												
角钢												
小计												
工作服												
手套												
洗衣粉												
肥皂												
合计												

制单：金山 　　　　　　　　　　审核：蔡文彬

32. 分配工资费用并计提福利费

凭证 32a

工资结算汇总表

2015 年 6 月 30 日 　　　　　　　　　单位：元

人员编号	姓名	部门	人员类别	基本工资	奖励工资	合计
1001	刘大海	企管办	管理人员	3 200	300	3 500
1002	刘大江	企管办	管理人员	3 200	300	3 500
1003	阚守元	企管办	管理人员	2 000	500	2 500
2001	金山	财务部	管理人员	1 500	500	2 000
2002	蔡文彬	财务部	管理人员	1 500	500	2 000
2003	韩兴贤	财务部	管理人员	2 000	500	2 500
3001	张明之	采购部	管理人员	2 000	1000	3 000
4001	钱多多	销售部	经营人员	2 000	1000	3 000
5001	金鑫鑫	生产一班	车间管理人员	2 000	1000	3 000
5002	王二妮	生产一班	生产工人	3 100	400	3 500
5003	李华	生产一班	生产工人	3 200	400	3 600
5004	王然然	生产二班	车间管理人员	3 000	1000	4 000
5005	张英	生产二班	生产工人	3 200	400	3 600
5006	周晓梅	生产二班	生产工人	3 000	500	3 500
5007	孙宝	生产二班	生产工人	3 100	400	3 500
合计				38 000	8 700	46 700

凭证 32b

工资及福利费计算分配表

2015 年 6 月 30 日 单位：元

人员编号	姓名	部门	应付工资总额	福利费	合计
1001	刘大海	企管办	3 500	490	3 990
1002	刘大江	企管办	3 500	490	3 990
1003	阚守元	企管办	2 500	350	2 850
2001	金山	财务部	2 000	280	2 280
2002	蔡文彬	财务部	2 000	280	2 280
2003	韩兴贤	财务部	2 500	350	2 850
3001	张明之	采购部	3 000	420	3 420
小计			19 000	2 660	21 660
4001	钱多多	销售部	3 000	420	3 420
小计			3 000	420	3 420
5001	金鑫鑫	车间主任	3 000	420	3 420
5004	王然然	核算员	4 000	560	4 560
小计			7 000	980	7 980
5002	王二妮	生产一班	3 500	490	3 990
5003	李华	生产一班	3 600	504	4 104
5005	张英	生产二班	3 600	504	4 104
5006	周晓梅	生产二班	3 500	490	3 990
5007	孙宝	生产二班	3 500	490	3 990
小计			17 700	2 478	20 178
合计			46 700	6 538	53 238

注：福利费计提比例为 14%。

33. 社会保险费及住房公积金计算表

凭证 33

社会保险费及住房公积金计算表

2015 年 6 月 30 日 单位：元

人员编号	姓名	部门	工资合计	社保费	住房积金
1001	刘大海	企管办	3 500	1 067.5	420
1002	刘大江	企管办	3 500	1 067.5	420
1003	阚守元	企管办	2 500	762.5	300
2001	金山	财务部	2 000	610	240
2002	蔡文彬	财务部	2 000	610	240
2003	韩兴贤	财务部	2 500	762.5	300
3001	张明之	采购部	3 000	915	360
小计			19 000	5 795	2 280
4001	钱多多	销售部	3 000	915	360
小计			3 000	915	360
5001	金鑫鑫	车间主任	3 000	915	360
5004	王然然	车间核算员	4 000	1220	480
小计			7 000	2 135	840
5002	王二妮	生产一班	3 500	10 670.5	420
5003	李华	生产一班	3 600	1 098	432
5005	张英	生产二班	3 600	1 098	432
5006	周晓梅	生产二班	3 500	1 067.5	420
5007	孙宝	生产二班	3 500	1 067.5	420
小计			17 700	5 398.5	2 124
合计			46 700	14 243.5	5 604

注：社保费主要交养老保险(20%)、医疗保险(9%)、失业保险(1.5%)等三险；住房公积金为 12%。

34. 收到存款利息

凭证34

山东省农村信用社（商业银行合作银行）

RURAL CREDIT COOPERATIVE OF SHANDONG   No.0444452321

单位存款利通知单　　　批量凭证－00001124

2015年6月30日

山东省农村信用社
（2015年6月30）
转讫

单位名称	任兴橱柜有限责任公司			
结算户账号				
计息起止日期	2015年6月1日至6月30日			
存 款 户 账 号	计息总积数	利率	利 息 金 额	
			￥345.00	
	复核	记账		
	复核	记账		

你单位左列存款利息已转入你单位账户此致信用社 章（银行）

35. 支付电费

凭证35a

山东省增值税专用发票　　　　　　No.0000002331

（记账联　销货方记账凭证）　　开票日期：2015年6月30日

购货单位	名　称：任兴橱柜有限责任公司							密码区	
	纳税人识别号：370802196207143088								
	地址、电话：任兴路－3229738								
	开户行及账号：工商银行洸河路支行－322973								
货物或应税劳务名称	规格型号	单位	数　量	单　价	金　额	税　率	税　额		
电费		度	50 000	0.60	30 000.00	17％	5100.00		
合　　计					30 000.00		5100.00		
价税合计（大写）　　叁万伍仟壹佰元整				（小写）￥35 100.00					
销货单位	名　称：任兴电力有限责任公司							备注	
	纳税人识别号：370845377788								
	地址、电话：任兴路2号－20321843								
	开户行及账号：工商银行任兴路支行－236588990								

任兴电力有限责任公司
000013560044008
发票专用章

收款人：赵虎　　复核：何欣　　开票人：寇天明　　销货单位：（章）

凭证35b

中国工商银行
转账支票存根
编号：00000002332
出票日期：2015年6月30日

收款人：	任兴电力有限责任公司
金额：	￥35 100.00
用途：	电费
单位主管：	会计：

36. 支付水费

凭证 36a

山东省增值税专用发票　　　　　　　　　　No.0000002341

（记账联　销货方记账凭证）　　开票期期：2015 年 6 月 30 日

购货单位	名　　　　称：	任兴橱柜有限责任公司					密码区	
	纳税人识别号：	370802196207143088						
	地址、电话：	任兴路－3229738						
	开户行及账号：	工商银行洗河路支行－322973						

货物或应税劳务名称	规格型号	单位	数量	单价	金额	税率	税额
水费		m³	1 000	6.00	6 000.00	13%	780.00
合　计					6 000.00		780.00

价税合计（大写）	陆仟柒佰捌拾元整	￥6 780.00

销货单位	名　　　　称：	任兴自来水公司	备注
	纳税人识别号：	370804434535456566	
	地址、电话：	任兴路 3 号－2032137	
	开户行及账号：	工商银行任兴路支行－233249848389	

收款人：　杨德草　　　复核：　张超　　　开票人：　李华　　　销货单位：（章）

凭证 36b

中国工商银行

转账支票存根

编号：　00000002342

出票日期：2015 年 6 月 30 日

收款人：任兴自来水公司
金额：￥6 780.00
用途：水费

单位主管：　　　　会计：

37. 分配动力费用和水费

凭证 37a

动力费用分配表

2015 年 6 月 30 日

使用单位	机器台时	度数	单价	分配金额
101＃橱柜	240			
102＃橱柜	160			
小计	400	40 000	0.6	24 000.00
基本车间		4 000	0.6	2 400.00
行政部门		5 000	0.6	3 000.00
销售科		1 000	0.6	600.00
合计		50 000	0.6	30 000.00
制单	王然然		复核	金鑫鑫

凭证 37b

水费分配表

2015 年 6 月 30 日

使用单位	m³	单价	分配金额
基本车间	400	6	2 400
行政部门	500	6	3 000
销售科	100	6	600
合计	1 000	6	6 000
制单	王然然	复核	金鑫鑫

38. 编制制造费用分配表

凭证 38

制造费用分配表

2015 年 6 月 30 日

产品	机器台时	分配率	分配金额
101＃橱柜	240		
102＃橱柜	160		
合计	400		

制单：韩兴贤　　　　　　复核：蔡文彬

39. 代扣职工社会保险及住房公积金

凭证 39a

工资发放汇总表

期间 2015 年 6 月

应付工资总额	代扣社会保险	代扣住房公积金	实发工资合计
46 700.00	3 736	1 868	41 096

制表　　　　　　审核

注：代扣个人社会保险比例为 8%，代扣个人住房公积金比例为 4%

凭证 39b

山东省社会保险基金专用票据

流水号：　　　　　　2015 年 06 月 30 日　　　　　　No. 002373

缴款人：任兴橱柜有限责任公司　　　　　经济类别：　　　　　校验码：

收费项目	起始年月	终止年月	人数	单位缴额（元）	个人缴纳额（元）	滞纳金（元）	利息（元）	合计（元）
社会保险费	2015.6.1	2015.6.30		14 243.5				17 979.50
金额合计（大写）：壹万柒仟玖佰柒拾玖元伍角整							（小写）：￥17 979.50	

收款单位盖章：　　　财务复核人：　　　业务复核人：赵华　　　经办人：程春明

凭证 39c

中国建设银行

转账支票存根

编号： 2032374

出票日期：2015 年 6 月 30 日

收款人：	任城区社会保险事业局
金额：	￥17 979.50
用途：	社保基金

单位主管：　　　　会计：

凭证 39d

住房公积金汇(补)缴书

2015 年 6 月 30 日　附清册　　张　　　　No.00472375

收款单位	全称	济宁市住房公积金管理中心	缴款单位	全称	任兴橱柜有限责任公司	第一联
	公积金账号	13863749911		账号	322973	
	开户银行	建设银行济宁支行		开户银行	工商银行洸河路支行	银行盖章后退缴款单位记账（受理证明）

科目		汇缴	补缴		年　月	
金额（人民币大写）	柒仟肆佰柒拾贰元整		千	百	十	万	千	百	十	元	角	分
							￥	7	4	7	2	0	0

中国建设银行股份有限公司
洸河路支行
★ 2015.06.30 ★
票据受理专用章
收妥抵用

上月汇缴		本月增加汇缴		月减少汇缴		本月汇缴	
人数	金额	人数	金额	人数	金额	人数	金额

银行盖章

凭证 39e

中国建设银行

转账支票存根

编号：3229732376

出票日期：2015 年 6 月 30 日

收款人：	济宁住房公积金管理中心
金额：	￥7 472.00
用途：	公积金

单位主管：　　　　会计：

40. 销售产品

凭证 40a

产品出库单

2015 年 6 月 30 日

仓库号码：04　　　　　　　　运输方式：自提　　　　　　　　编号：0711

产品名称	规格	单位	数量	单位售价	金额	备注

销售部门：钱多多　　　　　发货人：阚守元　　　　　　　提货人：

凭证 40b

山东省增值税专用发票　　　　No.0000002382

（记账联　销货方记账凭证）　　　　开票日期：2015 年 6 月 30 日

购货单位	名　称：	济宁炊具贸易公司					密码区	
	纳税人识别号：	37080218888						
	地址、电话：	0537－2032143						
	开户行及账号：	任兴村镇银行—2032133						

货物或应税劳务名称	规格型号	单位	数量	单价	金额	税率	税额
橱柜	102#	套	10	20 000.00	200 000.00	17%	34 000
合　计					200 000.00		34 000

价税合计（大写）贰拾叁万肆仟整　　　　￥234 000.00

销货单位	名　称：	任兴橱柜有限责任公司	备
	纳税人识别号：	370802196107143018	注
	地址、电话：	任兴路－3229738	
	开户行及账号：	工商银行洸河路支行－322973	

收款人：金山　　　复核：蔡文彬　　　开票人：钱多多　　　销货单位：（章）

凭证 40c

工商银行进账单(回单)

2015 年 06 月 30 日　　　　　　No.2032383

付款人	全　称	济宁炊具贸易公司		收款人	全　称	任兴橱柜有限责任公司							
	账　号	13762368911			账　号	370802							
	开户银行	中国工商银行济宁分行建设路支行			开户银行	工商银行洸河路支行							

金额	人民币(大写)贰拾叁万肆仟元整			亿	千	百	十	万	千	百	十	元	角	分
						￥	2	3	4	0	0	0	0	0

票据种类	其他	票据张数
		1

开户银行盖

此联是开户银行交给持（出）票人的回单

41. 料到款未付，估价入账

凭证 41

任兴橱柜有限责任公司材料验收单

材料科目：原材料

供应单位：济宁东方钢材有限公司　　　　　　2015 年 6 月 30 日　　　　　　收料仓库：2

材料 名　称	计量 单位	数　量		估 计 成 本						备注
		应　收	实　收	买　价		运杂费用	其他	合计	单位成本	
				单　价	金　额					
301 钢板	千克	20 000	20 000	20.00	400 000.00		—	400 000.00	20.00	
合　计	千克	20 000	20 000	20.00	400 000.00		—	400 000.00	20.00	

收料：| 阚守元 |　　　　制单：| 韩兴贤 |　　　　记账：| 蔡文彬 |

---

42. 计算产品成本

凭证 42a

产品成本计算单

完工数量：250　　　　　　　　2015 年 6 月　　　　　　　　投料程度：100%

在产品数量：80　　　　　　产品名称　101#橱柜　　　　　　完工程度：50%

成本项目	直接材料	直接人工	制造费用	其他费用	合计
月初在产品成本					
本月发生费用					
生产费用累计					
约当产量					
单位成本					
完工产品成本					
月末在产品成本					

凭证 42b

产品成本计算单

完工数量：50　　　　　　　　2015 年 6 月　　　　　　　　投料程度：100%

在产品数量：50　　　　　　产品名称　102#橱柜　　　　　　完工程度：80%

成本项目	直接材料	直接人工	制造费用	其他费用	合计
月初在产品成本					
本月发生费用					
生产费用累计					
约当产量					
单位成本					
完工产品成本					
月末在产品成本					

凭证 42c

完工产品入库单

仓库　04

交库单位　　　　　　　　　　　　2015 年 6 月 25 日　　　　　　　　编号 No. 2405

产品编号	产品名称	规格	单位	送检数量	检验结果		实收数量	备注
					合格	不合格		
	橱柜	101＃	套	100	100		100	

车间负责人　　　　　　　检验员　　　　　　　保管员

凭证 42d

完工产品入库单

仓库　04

交库单位　　　　　　　　　　　　2015 年 6 月 19 日　　　　　　　　编号 No. 2407

产品编号	产品名称	规格	单位	送检数量	检验结果		实收数量	备注
					合格	不合格		
	橱柜	102＃		20	20		20	

车间负责人　　　　　　　检验员　　　　　　　保管员

凭证 42e

完工产品入库单

仓库　04

交库单位　　　　　　　　　　　　2015 年 6 月 29 日　　　　　　　　编号 No. 2408

产品编号	产品名称	规格	单位	送检数量	检验结果		实收数量	备注
					合格	不合格		
	橱柜	102＃	套	10	10		10	

车间负责人　　　　　　　检验员　　　　　　　保管员

凭证 42f

完工产品成本汇总表

2015 年 6 月　　　　　　　　　　　　　No. 2409

产品名称	产品产量	直接材料	直接人工	制造费用	合计	单位成本
合计						

制表　　　　　　　　　　　审核

凭证 42g

库存商品明细账

仓库　04　　　　　产品名称　101# 橱柜　　　　　计量单位　套　　　　　金额：　元

日期	摘要	收入			发出			结存		
		数量	单价	金额	数量	单价	金额	数量	单价	金额

凭证 42h

库存商品明细账

仓库　04　　　　　产品名称　102# 橱柜　　　　　计量单位　套　　　　　金额：　元

日期	摘要	收入			发出			结存		
		数量	单价	金额	数量	单价	金额	数量	单价	金额

43. 结转销售产品和材料成本

凭证 43

产品销售成本计算表

2015 年 6 月 30 日

产品名称	用　途	单　位	数　量	单位成本	金　额	备　注
101# 橱柜	销售	套	（　　）	（　　）	（　　）	
102# 橱柜	销售	套	（　　）	（　　）	（　　）	
301# 钢材	销售	千克	（　　）	（　　）	（　　）	
合　计						
制表		审核		记账		

44. 计算增值税及其附加

凭证 44a

增 值 税 计 算 表

2015 年 6 月 30 日

项目	本月销项税	本月进项税	本月应交增值税
金额	（　　）	（　　）	（　　）
合计	（　　）	（　　）	（　　）

凭证 44b

应 交 税 费 计 算 表

单位名称：任兴橱柜有限责任公司　　　　2015 年 6 月 30 日　　　　　　金额单位：元

税种、税目	计税依据	适用税率	应交税费	备注
应交城建税	（　　）	7%	（　　）	
教育费附加	（　　）	3%	（　　）	
地方附加费	（　　）	2%	（　　）	
水利建设基金	（　　）	1%	（　　）	
合计			（　　）	
制表		复核		

六、要求

(一)会计电算化期末处理

1. 根据上述经济业务，完成相关原始凭证及计算表，并做好编制记账凭证、审核、记账等工作。

2. 结转损益类账户本月发生额。

3. 计算本月应交所得税并结转。

4. 编制资产负债表和利润表。

(二)会计手工处理

1. 根据上述经济业务，完成相关原始凭证及计算表，并编制记账凭证。

2. 根据记账凭证，登记库存现金日记账、银行存款日记账和"应交税费——应交增值税"明细账。

3. 根据会计凭证，登记 301♯、304♯材料明细账和库存商品明细账。

4. 根据记账凭证，登记制造费用明细账、管理费用明细账、销售费用明细账。

5. 根据会计凭证，登记生产成本明细账。

6. 根据记账凭证，编制"科目汇总表"，并根据"科目汇总表"登记总账。

7. 根据总账及明细账的余额及发生额，编制资产负债表和利润表。

四、实习准备

1. 会计手工工具

(1)会计凭证：收款凭证 7 张，付款凭证 25 张，转账凭证 17 张，或者记账凭证 49 张。

(2)账页：库存现金日记账、银行存款日记账、"应交税费——应交增值税"明细账、材料明细账、库存商品明细账、制造费用明细账、管理费用明细账、销售费用明细账、科目

汇总表各 1 张；生产成本明细账 2 张；总账 1 本。

2. 会计电算化工具

会计电算化软件一套。

附表 1

科目汇总表

2015 年 6 月 科汇字第　号

会计科目	借方	贷方	会计科目	借方	贷方
库存现金			实收资本		
银行存款			资本公积		
应收票据			利润分配		
应收账款			生产成本		
预付账款			制造费用		
其他应收款			库存商品		
在途物资			主营业务收入		
原材料			其他业务收入		
周转材料			营业外收入		
固定资产			营业税金及附加		
累计折旧			主营业务成本		
工程物资			其他业务成本		
无形资产			销售费用		
累计摊销			管理费用		
长期待摊费用			财务费用		
短期借款			营业外支出		
应付票据			所得税费用		
应付账款					
其他应付款					
应付职工薪酬					
应缴税费					
应付利息			合计		

附表 2

资产负债表

会小企 01 表

编制单位：　　　　　　　　　　　　　　年　月　日　　　　　　　　　　　单位：元

资　产	行次	期末余额	年初余额	负债和所有者权益	行次	期末余额	年初余额
流动资产：				流动负债：			
货币资金	1			短期借款	31		
短期投资	2			应付票据	32		
应收票据	3			应付账款	33		
应收账款	4			预收账款	34		
预付账款	5			应付职工薪酬	35		
应收股利	6			应交税费	36		
应收利息	7			应付利息	37		
其他应收款	8			应付利润	38		
存货	9			其他应付款	39		
其中：原材料	10			其他流动负债	40		
在产品	11			流动负债合计	41		
库存商品	12			非流动负债：			
周转材料	13			长期借款	42		
其他流动资产	14			长期应付款	43		
流动资产合计	15			递延收益	44		
非流动资产：				其他非流动负债	45		
长期债券投资	16			非流动负债合计	46		
长期股权投资	17			负债合计	47		
固定资产原价	18						
减：累计折旧	19						
固定资产账面价值	20						
在建工程	21						
工程物资	22						
固定资产清理	23						
生产性生物资产	24			所有者权益（或股东权益）：			
无形资产	25			实收资本（或股本）	48		
开发支出	26			资本公积	49		
长期待摊费用	27			盈余公积	50		
其他非流动资产	28			未分配利润	51		
非流动资产合计	29			所有者权益（或股东权益）合计	52		
资产总计	30			负债和所有者权益（或股东权益）总计	53		

附表 3

利润表

会小企 02 表

编制单位：   年   月   单位：元

项 目	行次	本年累计金额	本月金额
一、 营业收入	1		
减： 营业成本	2		
营业税金及附加	3		
其中： 消费税	4		
营业税	5		
城市维护建设税	6		
资源税	7		
土地增值税	8		
城镇土地使用税、 房产税、 车船税、 印花税	9		
教育费附加、 矿产资源补偿费、 排污费	10		
销售费用	11		
其中： 商品维修费	12		
广告费和业务宣传费	13		
管理费用	14		
其中： 开办费	15		
业务招待费	16		
研究费用	17		
财务费用	18		
其中： 利息费用（收入以"—"填列）	19		
加： 投资收益（损失以"—"填列）	20		
二、 营业利润（亏损以"—"填列）	21		
加： 营业外收入	22		
其中： 政府补助	23		
减： 营业外支出	24		
其中： 坏账损失	25		
无法收回的长期债券投资损失	26		
无法收回的长期股权投资损失	27		
自然灾害等不可抗力因素造成的损失	28		
税收滞纳金	29		
三、 利润总额（亏损总额以"—"填列）	30		
减： 所得税费用	31		
四、 净利润（净亏损以"—"填列）	32		

附表 4

中华人民共和国企业所得税月(季)度预缴纳税申报表(A类，2015年版)

税款所属期间： 年 月 日至 年 月 日

纳税人识别号：□□□□□□□□□□□□□□□

纳税人名称： 金额单位：人民币元(列至角分)

行次	项 目	本期金额	累计金额
1	一、 按照实际利润额预缴		
2	营业收入		
3	营业成本		
4	利润总额		
5	加：特定业务计算的应纳税所得额		
6	减：不征税收入和税基减免应纳税所得额（请填附表1）		
7	固定资产加速折旧（扣除）调减额（请填附表2）		
8	弥补以前年度亏损		
9	实际利润额（4行＋5行－6行－7行－8行）		
10	税率（25%）		
11	应纳所得税额（9行×10行）		
12	减：减免所得税额（请填附表3）		
13	实际已预缴所得税额	——	
14	特定业务预缴（征）所得税额		
15	应补（退）所得税额（11行－12行－13行－14行）	——	
16	减： 以前年度多缴在本期抵缴所得税额		
17	本月（季）实际应补（退）所得税额	——	
18	二、 按照上一纳税年度应纳税所得额平均额预缴		
19	上一纳税年度应纳税所得额	——	
20	本月（季）应纳税所得额（19行×1/4或1/12）		
21	税率（25%）		
22	本月（季）应纳所得税额（20行×21行）		
23	减： 减免所得税额（请填附表3）		
24	本月（季）实际应纳所得税额（22行－23行）		
25	三、 按照税务机关确定的其他方法预缴		
26	本月（季）税务机关确定的预缴所得税额		
27	总分机构纳税人		
28	总机构	总机构分摊所得税额(15行或24行或26行×总机构分摊预缴比例)		
29		财政集中分配所得税额		
30		分支机构分摊所得税额(15行或24行或26行×分支机构分摊比例)		
31		其中： 总机构独立生产经营部门应分摊所得税额		
32	分支机构	分配比例		
33		分配所得税额		

是否属于小型微利企业： 是 □ 否 □

谨声明： 此纳税申报表是根据《中华人民共和国企业所得税法》、《中华人民共和国企业所得税法实施条例》和国家有关税收规定填报的，是真实的、可靠的、完整的。

法定代表人（签字）： 年 月 日

纳税人公章：	代理申报中介机构公章：	主管税务机关受理专用章：
会计主管：	经办人：	受理人：
	经办人执业证件号码：	
填表日期： 年 月 日	代理申报日期： 年 月 日	受理日期： 年 月 日

模块三

一体化实训(二)

(2015 年 7 月)

一、资料

任兴橱柜有限责任公司 6 月初创办，该企业为一般纳税人，企业材料按实际成本计算，出库材料按先进先出法计算成本，机油、润滑油和棉纱采用个别计价法计算发料成本。固定资产根据税法规定年限，采用年限平均法计算月固定资产分类折旧率计算折旧额，房屋建筑物月折旧率 0.425％，机器设备月折旧率为 0.85％，电子设备月折旧率为 1.75％。企业应收款项发生的坏账损失按直接转销法核算，企业所得税每季预交一次，并按应付税款法核算。产品售价为：101＃橱柜单价 4 000 元，102＃橱柜单价 20 000 元。发出产品销售成本按照全月一次加权平均法计算。财务一体化实训标准见 6 月公司简介。

任兴橱柜有限责任公司于 2015 年 7 月发生如下经济业务：

1．冲销材料估价入账成本

凭证 1

任兴橱柜有限责任公司材料验收单

材料科目：原材料

供应单位：济宁东方钢材有限公司　　　　　2015 年 7 月 1 日　　　　　收料仓库：2

材料名称	计量单位	数量		实际成本						备注
		应收	实收	买价		运杂费用	其他	合计	单位成本	
				单价	金额					
301 钢板	千克	20 000	20 000	20.00	400 000.00	—		400 000.00	20.00	
合计	千克	20 000	20 000	20.00	400 000.00		—	400 000.00	20.00	

收料：阚守元　　　　制单：韩兴贤　　　　记账：蔡文彬

2．支付租赁费

凭证 2a

山东省普通发票

发票联　　　　　　　　　　　　　　　　No. 240321

购货单位：任兴橱柜有限责任公司　　　　　2015 年 7 月 1 日

品名及规格	货物或劳务名称	单位	数量	单价	金额						
					万	千	百	十	元	角	分
100m²	商品展览场地租赁费					0	0	0	0	0
	合计					0	0	0	0	0

开票单位盖章　　　　复核人 王小二　　　　收款人 张迪　　　　开票人

凭证 2b

中国工商银行
转账支票存根

支票号码：0000322

科　　目 _____

对方科目 _____

签发日期 2015 年 7 月 1 日

收款人：金宇大市场	
金额：￥5 000.00	
用途：展览场地费	
备注	
单位主管：	会计：

3. 报销差旅费

凭证 3a

江苏省饮食服务业收费收据

2015 年 7 月 2 日　　　　　　　　　　　　No. 0331

交款单位	任兴橱柜有限责任公司		支付方式	现金
金额大写(人民币合计)零万零仟叁佰伍拾零元零角零分　　￥：　350.0				
收费项目	住宿费用		许可证号	
收费标准	350 元		计费基数	
备　注			收款单位	

会计主管： 于得水　　　出纳： 朱德康　　　制单： 赵钱孙

凭证 3b

山 东 省 普 通 发 票

发票联

No. 0332

购货单位：任兴橱柜有限责任公司　　　　　2015 年 7 月 1 日

品名及规格	货物或劳务名称	单位	数量	单价	金额							② 付款方报销凭证
					万	千	百	十	元	角	分	
	租车费				￥	1	5	0	0	0	0	
	合计				￥	1	5	0	0	0	0	

开票单位盖章　　　复核人　　　收款人　　　开票人

凭证 3c

江苏省收费公路(桥)
通行费专用票据

No.111062900033
校验码:
金额小写 100.00 元　　工号 20012
　　壹佰元整
日期 2015-07-01　　时间 09:09:15

车型

收费单位(套章)

收费单位 国道 105 徐州收费站

　　　　收 据

凭证 3d

江苏省收费公路(桥)
通行费专用票据

No.111062900334
校验码:
金额小写 100.00 元　　工号 20019
　　壹佰元整
日期 2015-07-02　　时间 09:09:25

车型

收费单位(套章)

收费单位　国道 105 南京收费站

　　　　收 据

凭证 4c

收 据

2015 年 7 月 2 日

交款人：	钱多多	
今收到：	先科炊具有限公司装卸费	
人民币：	(大写)佰元整　　￥400.00	现金收讫
用途：	303 圆钢装卸费	

单位盖章：销售科　会计：蔡文彬　出纳：金山　经手人：钱多多

凭证 3e

差 旅 费 报 销 单

年　月　日

姓名　　　　　　　部门　　　　　　　出差事由　　　　　　　单据　　张

起止日期				起止地点	火车费	市内车费	住宿费	补助费			住宿费		其他
月	日	月	日					标准	天数	金额	天数	金额	
	合　　计												

人民币（大写）　　　　　　　　　应退（补）：

审核：　　　　　　　　部门主管：　　　　　　　　财务主管：

---

4. 销售 101♯橱柜

凭证 4a

产品出库单

2015 年 7 月 2 日

购买单位：先科炊具有限公司　　　　　　　　　运输方式：自提

仓库：3 号　　　　　　　　　　　　　　　　　编号：7341

产品名称	规格	单位	数量	单位售价	金额	备注
橱柜	101♯	套	30	4 000.00	120 000.00	

销售部门：钱多多　　　　　　发货人：阚守元　　　　　　提货人：

凭证 4b

山东省增值税专用发票

No.000342

（记账联　销售方记账凭证）　　　　开票日期：2015 年 7 月 2 日

购货单位	名　　　称：先科炊具有限公司 纳税人识别号：39260099 地址、电话：先锋路 9 号－3399780 开户行及账号：工商银行任兴分行－4488990		密码区	

货物或应税劳务名称	规格型号	单位	数　量	单　价	金　额	税　率	税　额
橱柜	101♯	套	30	4 000.0	120 000.00	17%	20 400.00
合　　计					120 000.00		20 400.00

价税合计（大写）　　壹拾肆万零肆佰元整　　　　¥140 400.00

销货单位	名　　　称：任兴橱柜有限责任公司 纳税人识别号：370802195107000195560044008 地址、电话：任兴路－3220738 开户行及账号：工商银行洸河路支行－322973		备注	

收款人：金山　　　复核：蔡文彬　　　开票人：钱多多　　　销货单位：（章）

---

5. 上月所购材料入库，结算凭证收到并付款

凭证 5a

任兴橱柜有限责任公司材料验收单

材料科目：原材料

供应单位：济宁东方钢材有限公司　　　　2015 年 6 月 30 日　　　　收料仓库：2

材料名称	计量单位	数量		估计成本						备注
		应收	实收	买价		运杂费用	其他	合计	单位成本	
				单价	金额					
301 钢板	千克	20 000	20 000	20.00	400 000.00		—	400 000.00	20.00	
合计	千克	20 000	20 000	20.00	400 000.00		—	400 000.00	20.00	

收料：阚守元　　　制单：韩兴贤　　　记账：蔡文彬

凭证 5b

山东省增值税专用发票　　　No.0000322352

（记账联　销方记账凭证）　　开票日期：2014 年 7 月 3 日

购货单位	名称：任兴橱柜有限责任公司 纳税人识别号：370802196107143018 地址、电话：任兴路－3229738 开户行及账号：工商银行洸河路支行－322973	密码区	
货物或应税劳务名称	规格型号	单位	数量	单价	金额	税率	税额
301♯钢板	略	千克	20 000	20	400 000	17%	68 000
合计					400 000		68 000

价税合计（大写）　○肆拾陆万捌仟元整　　（小写）¥468 000.00

000013560044468

| 销货单位 | 名称：济宁海天物资有限公司 纳税人识别号：370802198888 地址、电话：东方路 19 号－3398878 开户行及账号：任兴银行东方支行 | 备注 | |

收款人：杨天庆　　复核：李华芳　　开票：张强　　销货单位：（章）

凭证 5c

中国工商银行

转账支票存根

编号：3344353

出票日期：2015 年 7 月 3 日

收款人：	济宁海天物资有限公司
金额：	¥468 000.00
用途：	301♯钢材货款

单位主管：　　会计：

6. 发放工资

凭证 6a

工资结算汇总表

2015 年 6 月 30 日　　　　　　　　　　　　　　　　　单位：元

工号	姓名	部门	基本工资	奖励工资	合计	代扣公积金和保险费	实发工资	签名
1001	刘大海	企管办	3 200	300	3 500	420	3 080	
1002	刘大江	企管办	3 200	300	3 500	420	3 080	
1003	阚守元	企管办	2 000	500	2 500	300	2 200	
2001	金山	财务部	1 500	500	2 000	240	1 760	
2002	蔡文彬	财务部	1 500	500	2 000	240	1 760	
2003	韩兴贤	财务部	2 000	500	2 500	300	2 200	
3001	张明之	采购部	2 000	1 000	3 000	360	2 640	
4001	钱多多	销售部	2 000	1 000	3 000	360	2 640	
5001	金鑫鑫	车间主任	2 000	1 000	3 000	360	2 640	
5002	王二妮	生产一班	3 100	400	3 500	420	3 080	
5003	李华	生产一班	3 200	400	3 600	432	3 168	
5004	王然然	车间核算员	3 000	1 000	4 000	480	3 520	
5005	张英	生产二班	3 200	400	3 600	432	3 168	
5006	周晓梅	生产二班	3 000	500	3 500	420	3 080	
5007	孙宝	生产二班	3 100	400	3 500	420	3 080	
合计			38 000	8 700	46 700	5 604	41 096	

凭证 6b

```
中国工商银行
现金支票存根
编号：3344353
出票日期：2015 年 7 月 3 日

收款人：
金额：￥41 096.00
用途：发放工资

单位主管：　　　会计：
```

7. 收取前欠货款

凭证 7

工商银行进账单(回单)

2015 年 7 月 4 日　　　　　　　　　　　　No. 203214361

付款人	全　称	先科有限公司		收款人	全　称	任兴橱柜有限责任公司	
	账　号	4488990			账　号	322973	
	开户银行	工商任兴分行			开户银行	任兴银行	

金额	人民币(大写) 壹拾肆万零肆佰元整	亿	千	百	十	万	千	百	十	元	角	分
				￥	1	4	0	4	0	0	0	0

票据种类 专支	其他	票据张数 1	

中国工商银行股份有限公司
任兴路支行
☆ 2015.07.04 ☆
票据受理专用章
收费凭据

此联是开户银行交给持（出）票人的回单

8. 购买材料

山东省增值税普通发票

No. 00003229381

（抵扣联　购货方扣税凭证）　开票日期：2015 年 7 月 5 日

购货单位	名　　称：	任兴橱柜有限责任公司						密码区	
	纳税人识别号：	370802196107143018							
	地址、电话：	任兴路－3229738							
	开户行及账号：	工商银行洸河路支行－322973							

货物或应税劳务名称	规格型号	单位	数量	单价	金额	税率	税额
机油	略	千克	100	4.00	400.0	17%	68.00
润滑油		千克	50	6.00	300.00	17%	51.00
棉纱		千克	100	20.00	2 000.00	17%	340.00
合　计					2 700.00		459.00

价税合计（大写）	叁仟壹佰伍拾玖元正	（小写）¥ 3 159.00

销货单位	名　　称：	济宁海天物资有限公司	
	纳税人识别号：	370802198888	
	地址、电话：	海天路 9 号－3399788	
	开户行及账号：	任兴银行海天支行	

第二联抵扣联购货方扣税凭证

收款人：　杨天庆　　复核：　李华芳　　开票人：　张强　　销货单位：（章）

（印章：济宁海天物资有限公司 000013560044044 发票专用章）

中国工商银行
转账支票存根

编号：334466372

出票日期：2015 年 7 月 5 日

收款人：济宁海天物资有限公司
金额：¥ 3 159.00
用途：辅助材料货款

单位主管：　　　会计：

任兴橱柜有限责任公司材料验收单

材料科目：辅助材料

供应单位：济宁海天物资有限公司　　　　2015 年 7 月 5 日　　　　收料仓库：3

材料名称	计量单位	数量		实际成本						备注
		应收	实收	买价		运杂费用	其他	合计	单位成本	
				单价	金额					
机油	千克	100	100	4.00	400.00		—	400.00	4.00	
润滑油	千克	50	50	6.00	300.00			300.00	6.00	
棉纱	千克	100	100	20.00	2 000.00			2 000.00	20.00	
合计	千克	250	250		2 700.00			2 700.00		

记账：　韩兴贤　　　收料：　阚守元　　　制单：　金山

9. 销售产品

凭证 9a

产品出库单

购买单位：盛华贸易有限公司　　　　　2015 年 7 月 5 日　　　　　运输方式：托运

仓　　库：4 号　　　　　　　　　　　　　　　　　　　　　　　编号：381

产品名称	规格	单位	数量	单位售价	金额	备注
橱柜	102#	套	50	20 000.00	1 000 000.00	

销售部门：钱多多　　　　　发货人：阚守元　　　　　提货人：

凭证 9b

山东省增值税专用发票　　　　　　　　No.32298382

（记账联　　销货方记账凭证）　　　开票日期：2015 年 7 月 5 日

购货单位	名　　　称：盛华贸易有限公司					密码区	
	纳税人识别号：370802260099						
	地址、电话：盛华路 19 号－3599799						
	开户行及账号：工商盛华分行－8879899						

货物或应税劳务名称	规格型号	单　位	数　量	单　价	金　额	税　率	税　额
橱柜	102	套	50	20 000.00	1 000 000.00	17%	170 000.00
合　　计					1 000 000.00		170 000.00

价税合计（大写）壹佰壹拾柒万元整　　　　　　　¥ 1 170 000.00

销货单位	名　　　称：任兴橱柜有限责任公司					备注	
	纳税人识别号：370802196107143018						
	地址、电话：任兴路－3229738						
	开户行及账号：工商银行洸河路支行－322973						

收款人：金山　　　　　复核：蔡文彬　　　　　开票人：钱多多　　　　　销货单位：（章）

凭证 9c

托收承付凭证(回单)1　　　　　　　　第 1 号

委托日期：2015 年 7 月 5 日　　　　　托收号码：34522383

付款人	全　称	盛华贸易有限公司		收款人	全　称	任兴橱柜有限责任公司										
	账　号	8879899			账　号	3220988									
	开户银行	工商盛华分行			开户银行	任兴银行洸河路支行		行号	445566						

委托金额	人民币（大写）壹佰壹拾壹万元整	亿	千	佰	十	万	千	佰	十	元	角	分
			¥	1	1	7	0	0	0	0	0	0

附　　件		商品发运情况	合同名称号码
附寄单证张数或册数	2		

备注：	款项收妥日期　　2015 年 7 月 5 日	中国工商银行股份有限公司 任兴路支行 收款人开户银行（盖章） ☆2015.07.05☆ 票据受理专用章 收妥抵用　　年　月

单位主管　　　　　会计　　　　　复核　　　　　记账

此联是付款人开户银行给收款人的回单

10. 上缴流转税

凭证 10a

电子缴款凭证

No.1010587898391

打印日期：2015－07－05

托收号码：34522383

纳税人识别号	370802196107143018	税务征收机关		国家税务局任兴分局		
纳税人全称	任兴橱柜有限责任公司	银行账号		322973		
系统统税票号	税（费）种	税（品）目	所属时期	实缴金额	缴款日期
	增值税		2015.06.01－30	93 596.00	2015.07.05
金额合计		（大写）：玖万叁仟伍佰玖拾陆元整			

本缴款凭证仅作为纳税人记账核算凭证使用，电子缴税的，需与银行对账单电子划缴记录核对一致方有效。纳税人如需汇总开具正式税证明，请税务登记证或省份证明到主管税务机关开具。

税务机关（电子章）

凭证 10b

中华人民共和国地税收通用完税证 地

（2015 壹）鲁地任完：No4850392

填发日期：2015 年 7 月 5 日

注册类型： 征收机关：

纳税人代码	370802196107143018	地址		济宁市任兴路 8 号		
纳税人名称	任兴橱柜有限责任公司		税款所属时期	2015.06.01－2015.06.30		
税种	品目名称	课税数量	计税金额或销售收入	税率或单位税额	已缴或扣除额	实缴金额
城市维护建设税			93 596	7%		6 551.72
教育费附加			93 596	3%		2 807.88
地方附加			93 596	2%		1 871.92
水利建设基金			93 596	1%		935.96
金额合计	（大写）壹万贰仟壹佰陆十柒元肆角捌分			￥：12 167.48		
税务机关		任兴地税			备注	

凭证 10c

电子缴税付款凭证

任兴商业银行 任兴合作银行

转账日期：2015 年 7 月 5 日					
凭证字号：00882589393					
纳税人全称及纳税人识别号：370802196107143018					
付款人全称：任兴橱柜有限责任公司					
付款人账号：322973			征收机关名称：任兴地税局		
付款人开户银行：任兴商业银行			收款国库（银行）名称：		
小写（合计）金额：			缴款书交易流水号：		
大写（合计）金额：			税票号码：		
税（费）种名称		所属日期		实缴金额	
城市维护建设税		2015.06.01－30		6 551.72	
教育费附加		2015.06.01－30		2 807.88	
地方附加		2015.06.01－30		1 871.92	
水利建设基金		2015.06.01－30		935.96	
			打印时间：		
复核：			记账：		

第二联付款回单（无银行收讫章无效）

11. 购买材料

凭证 11a

山东省增值税专用发票　　　　　　　No. 34555553101

（抵扣联　购货方扣税凭证）　　开票日期：2015 年 7 月 6 日

购货单位	名　　　称：	任兴橱柜有限责任公司					密码区	
	纳税人识别号：	370802196107143018						
	地址、电话：	任兴路 2 号－3229738						
	开户行及账号：	工商银行洸河路支行－322973						

货物或应税劳务名称	规格型号	单位	数量	单价	金额	税率	税额
圆钢	303	千克	10 000	20.00	200 000.00	17%	34 000.00
合　　计					200 000.00		34 000.00

价税合计（大写）	贰拾叁万肆仟元整	￥234 000.00

销货单位	名　　　称：	济宁东方钢材有限公司	备注
	纳税人识别号：	3708033243888999	
	地址、电话：	洸河路 66 号－2358888	
	开户行及账号：	工商银行洸河路支行－2358888	

收款人：东方朔　　复核：刘超　　开票人：苏畅　　销货单位：（章）

凭证 11b

```
         中国工商银行
        转账支票存根
  编号：99883102
  出票日期：2015 年 7 月 6 日
  ┌──────────────────────────┐
  │ 收款人：济宁东方钢材有限公司 │
  ├──────────────────────────┤
  │ 金 额：￥234 000.00        │
  ├──────────────────────────┤
  │ 用 途：材料款             │
  └──────────────────────────┘
  单位主管：        会计：
```

凭证 11c

山东省货物运输业增值税专用发票

No.00003323103

抵扣联

开票日期：2015 年 7 月 6 日

承运人及纳税人识别号	名　　称：	济宁万通运输有限公司		密码区	
	纳税人识别号：	3708332992			
实际受票方及纳税人识别号	任兴橱柜有限责任公司				
	纳税人识别号：	370802196107143018			
收货人及纳税人识别号	任兴橱柜有限责任公司		发货人及纳税人识别号	济宁东方钢材有限公司	
	纳税人识别号：370802196107143018			纳税人识别号：3708332992	
起运地、经由、到达地			济宁中区——任城区		

费用项目及金额	费用项目	金额	费用项目	金额	运输货物信息	
	运费	1 000.00				
合计金额	1 000.00	税率		税额	110.00	机器编号

价税合计（大写）	壹仟壹佰壹拾元整	（小写）￥1 110.00

车种车号		车船吨位		备注
主管税务机关及代码				

收款人：马千里　　复核：龙飞　　开票人：杨草原　　承运人：（章）

第二联 发票联 受票方记账凭证

凭证 11d

中国工商银行

转账支票存根

编　号：　998877203104

出票日期：2015 年 7 月 6 日

| 收款人：济宁万通运输有限公司司 |
| 金　额：　￥1 110.00 |
| 用　途：材料运费 |

单位主管：　　　　会计：

凭证 11e

万通运输公司收据

2015 年 7 月 6 日

收款人：　张明之

今收到：任兴橱柜有限责任公司装卸费

人民币（大写）肆佰元整　￥400.00　　现金付讫

用途：303 圆钢装卸费

之张
印明

单位盖章：销售科　　会计：刘思雨　　出纳：张政　　经手人：张霞

凭证 11f

任兴橱柜有限责任公司材料验收单

材料科目：原材料

供应单位：济宁东方钢材有限公司　　　　2015 年 7 月 6 日　　　　收料仓库：1

材料名称	计量单位	数量		实际成本						备注
		应收	实收	买价		运杂费用	其他	合计	单位成本	
				单价	金额					
303 圆钢	千克	10 000	10 000	20.00	200 000.00	1 400.00	—	201 400.00	20.14	
合计	千克	10 000	10 000	20.00	200 000.00	1 400.00		201 400.00	20.14	

记账：蔡文彬　　　　收料：阚守元　　　　制单：韩兴贤

12. 接受货币投资

工商银行进账单(回单)

2015 年 7 月 9 日 　　　　　　　　　　　　No. 203213111

付款人	全　称	济宁炊具贸易公司					收款人	全　称	任兴橱柜有限责任公司			
	账　号	13762368911						账　号	18613692501			
	开户银行	中国工商银行济宁分行洸河路支行						开户银行	任城银行洸河支行			

金额	人民币(大写)贰佰万元整		亿	千	百	十	万	千	百	十	元	角	分
				¥	2	0	0	0	0	0	0	0	0

票据种类	其他	票据张数	
			中国工商银行股份有限公司 洸河路支行 ★ 2015.07.09 ★ 票据受理专用章 收妥抵用

此联是开户银行交给持(出)票人的回单

收　据

2015 年 7 月 9 日

收款人：　金山

今收到：　刘大江投资款

人民币：　贰佰万元整　　　　¥ 2 000 000.00　　　　收讫

用途：　股东投资

单位盖章：　　　　会计：蔡文彬　　　出纳：金山　　　经手人：刘大河

收　据

2015 年 7 月 10 日

收款人：　金山

今收到：　刘大江投资款

人民币：　壹拾万元整　　　　¥ 100 000.00　　　　现金收讫

用途：　股东投资

单位盖章：　　　　会计：蔡文彬　　　出纳：金山　　　经手人：刘大江

13．现金交存银行

凭证 13

现金交款单 (回单) ①

科目：工商 1014（二联）　　　　　　2015 年 7 月 10 日　　　　　　对方科目

交款人	全称	任兴橱柜有限责任公司		款项来源		投资款									
	账号	322973		交款部门		财务科									

	金额：（大写）壹拾万元整								千	百	十	万	千	百	十	元	角	分

| | 金额：（大写）壹拾万元整 | | | | | | | | ¥ | 1 | 0 | 0 | 0 | 0 | 0 | 0 | 0 | 0 |

白纸黑油墨	券别	张数	百	十	万	千	百	十	元	券别	张数	千	百	十	元	角	分
	百元	900			9	0	0	0	0	二元							
	五十元	200			1	0	0	0	0	一元							
	二十元									五角							
	十元									二角							
	五元									一角							

上到款项已如数收妥入账

中国工商银行股份有限公司
洸河路支行
★2015.07.10★
受理专用章
收妥抵用

（收款银行盖章）

复核　　　　经办

此联由银行盖章后退回交款人

14．销售给居民 101＃橱柜

凭证 14a

山东省增值税专用发票　　　　　　　No.32298382

（记账联　　销货方记账凭证）　　　　开票日期：2015 年 7 月 10 日

购货单位	名　称：赵忠瑞	
	纳税人识别号：	
	地址、电话：	
	开户行及账号：	

密码区

货物或应税劳务名称	规格型号	单位	数量	单价	金额	税率	税额
橱柜	101	套	1	4 000.0	4 000.00	17％	680.00
合　计					4 000.00		680.00

价税合计（大写）肆仟陆百捌拾元整　　　　¥4680.00

销货单位	名　称：任兴橱柜有限责任公司	备注
	纳税人识别号：37080219510700013560044008	
	地址、电话：任兴路－322973	
	开户行及账号：工商银行洸河路支行－322973	

收款人：金山　　　复核：蔡文彬　　　开票人：钱多多　　　销货单位：（章）

凭证 14b

收　据

2015 年 7 月 10 日

收款人：金山	
今收到：赵忠瑞	
人民币：肆仟陆佰捌拾元整　　　¥4 680.00	现金收讫
用途：101＃货款	

15. 支付打印费

凭证 15

<table>
<tr><td colspan="2" style="text-align:center">山东省增值税专用发票</td><td style="text-align:center">No. 00003151</td></tr>
<tr><td colspan="2" style="text-align:center">（记账联 销方记账凭证）</td><td>开票日期：2015 年 7 月 10 日</td></tr>
</table>

购货单位	名　　称：任兴橱柜有限责任公司						密码区
	纳税人识别号：370802196207143088						
	地址、电话：任兴路－3229738						
	开户行及账号：工商银行洸河路支行－322973						

货物或应税劳务名称	规格型号	单位	数　量	单　价	金　额	税　率	税　额
打字复印费				420.0	396.23	6%	23.77
合　　计				420.0	396.23	6%	23.77

价税合计（大写）肆佰贰拾元整．	¥420.00

销货单位	名　　称：济宁毕升打字社	注
	纳税人识别号：370802112229999999	
	地址、电话：古槐路8号－881980	
	开户行及账号：任兴村镇银行—778899	

收款人：朱德康　　复核：博思　　开票人：孙贤　　销货单位：（章）

现金付讫

16. 报销办公用品费

凭证 16

山东省国家税务局通用定额发票	兑奖联
发票联	
发票代码 137081350043	发票代码 137081353131
发票号码	发票号码
密码：	奖区：
肆佰元	1. 刮开奖区覆盖层后 显示中奖后中奖金额或"谢谢您"
（加盖发票专用章有效）	
鲁国税发票字〔2013〕0485 号卷数 0.7 万本×50×3	2. 在兑奖前不得将发票联合兑奖联撕开．否则，不予兑奖。
＊济宁票证印刷所 2015 年 1 月印＊	

17. 支付广告费

凭证 17a

山东省济宁市服务业、娱乐业、文化体育通用发票(卷)

发票联			
密　码 PASSWORD：			除付款单位外手写无效
发票代码 INVOICECODE：	237081400110		
发票号码 INVOICENo.：	00443141		
机打票号 PRINTINGNo.：			
机器编号 PRECEIVERNo.：			
收款单位 PAYEE：			
税务登记 TEAREGISTRYNo.：			
开票日期 DATEISSUED：	2015.07.10	收款员：	柳斌
付款单位(个人)PAYER：	任兴日报社		
经营项目：	广告费　金额	10 000.00	
	任 兴 日 报		
	0000135608 11008		收款人
	发票专用章		
合计(小写)：￥10 000.00			
合计(大写)：	壹万元整		
税控码：			
兑奖联			
	奖　区 AWARDAREA	密　码 PASSWORD	
发票代码 INVOICECODE：	237080900110		

发票号码： INVOICENo. 00447907

凭证 17b

中国工商银行
转账支票存根

编号：0077883142

出票日期：2015 年 7 月 10 日

收款人：济宁任兴日报社
金　额：￥10 000.00
用　途：广告费用

单位主管：　　　　会计：

18. 购买固定资产

凭证 18a

固定资产交接单

2015 年 7 月 10 日

移交单位	任兴汽贸有限公司	接收单位	企业管理办公室
固定资产名称	汽车	规格	轿车
技术特征		数量	1
附属物		品牌	捷达牌
建造企业		出厂或建造年月	2015 年 6 月 15 日
安装单位		完工年月	2015 年 7 月 10 日
买价	150 000.00	安装费	0.00
税金	25 500.00	固定资产原始价值	150 000.00
移交单位负责人	张振庭	接收单位负责人	刘大海

凭证 18b

山东省增值税专用发票

No. 88773152

（抵扣联　购货方扣税凭证）　　　开票日期：2015 年 7 月 10 日

购货单位	名　　　称：任兴橱柜有限责任公司 纳税人识别号：370802196107143018 地址、电话：任兴路－3229738 开户行及账号：工商银行洸河路支行－322973					密码区	
货物或应税劳务名称	规格型号	单位	数量	单价	金额	税率	税额
轿车	捷达	辆	1	150 000.0	150 000.00	17%	25 500.00
合　计					150 000.00		25 500.00

价税合计(大写) 壹拾柒万伍仟伍佰元整　　　¥ 175 500.00

销货单位	名　　　称：任兴汽贸有限公司 纳税人识别号：370801231200832 地址、电话：任成路 9 号－ 开户行及账号：工商银行任城支行－9988779	备注

收款人：千叶　　复核：王华芳　　开票人：周宁　　销货单位：（章）

凭证 18c

中国工商银行

转账支票存根

编号：778863153

出票日期：2015 年 7 月 10 日

收款人：任兴汽贸有限公司
金　额：¥ 175 500.00
用　途：汽车款

单位主管：　　　　会计：

19. 现金缴存与提取

凭证 19a

<u>现金交款单</u> （回单） ①

科目：工商 1014（二联）　　　　　　2015 年 7 月 10 日　　　　　　对方科目

交款人	全称	任兴橱柜有限责任公司				款项来源		投资款									
	账号	322973				交款部门		任兴橱柜有限责任公司财务科									

金　额：（大写）肆仟陆佰捌拾元整								千	百	十	万	千	百	十	元	角	分
											¥	4	6	8	0	0	0

券别	张数	百	十	万	千	百	十	元	券别	张数	千	百	十	元	角	分
百元	46				4	6	0	0	二元							
五十元	1						5	0	一元							
二十元	1						2	0	五角							
十元	1						1	0	二角							
五元									一角							

白纸黑油墨

此联由银行盖章后退回交款人

上到款项已如数收受入账

中国工商银行股份有限公司
洮河路支行
★2015.07.10★
受理专用章
收妥抵用

（收款银行盖章）

复核　　　经办

凭证 19b

```
中国工商银行
现金支票存根

编号：000002362
出票日期：2015 年 7 月 10 日

收款人：

金　额：¥10 000.00

用　途：备用金

单位主管：　　　会计：
```

---

20. 支付业务招待费

凭证 20a

山东省地方税务局通用机打发票

发票代码　1386373161

记　账　联

发票号码　32297399

开票日期　2015 年 7 月 10 日　　　　　　行业分类：餐饮业

纳税人识别号：37080219610714	机打号码 3018	
机器编号：	税控防伪码：0908071234	

付款户名：	任兴橱柜有限责任公司	付款方式	转账

服务项目及摘要	单位	数量	单价	金额
餐饮				500.00

合计（人民币大写）伍佰元整	¥500.00

山东土菜馆责任
00001360044008
发票专章

备注：

开票人：　周庆莉　　收款人：　周庆莉　　收款单位盖章　　手写无效

凭证 20b

中国工商银行
转账支票存根
编号：88773162
出票日期：2015 年 7 月 10 日

| 收款人：山东土豪饭庄 |
| 金 额：￥500.00 |
| 用 途：支付定点饭店餐费 |
| 单位主管： 会计： |

21. 办理银行承兑汇票

凭证 21a

银行承兑汇票

出票日期　贰零壹伍年零柒月壹拾日　　　　　9000000003171

出票人全称	任兴橱柜有限责任公司	收款人	全 称											
出票人账号	322973		账 号											
付款行全称	任城银行洸河支行		开户银行											
出票金额	人民币大写：壹拾壹万柒仟元整			亿	千	百	十	万	千	百	十	元	角	分
					￥	1	1	7	0	0	0	0	0	0
汇票到期日	2015 年 10 月 10 日	付款行	行 号											
承兑协议号														

本汇票请你行承兑，到期无条件付款

本汇票已经承兑，到期由本行付款
承兑行签章
承兑日期 2015 年 7 月 10 日

郭雷

| 出票人签章 | 备注： | | | 复核 记账 |

凭证 21b

山东省增值税专用发票

No. 998873172

（发票联　购货方记账凭证）　　开票日期：2015 年 7 月 10 日

购货单位	名 称：	任兴橱柜有限责任公司			密码区			
	纳税人识别号：	370802196107143018						
	地址、电话：	任兴路－3229738						
	开户行及账号：	工商银行洸河路支行－322973						

货物或应税劳务名称	规格型号	单位	数量	单价	金 额	税率	税 额
角钢	304	千克	5 000	20.00	100 000.00	17%	17 000.00
合 计					100 000.00		17 000.00

价税合计（大写）	壹拾壹万柒仟元整			

销货单位	名 称：	济宁东方钢材有限公司	备注
	纳税人识别号：	37080332434888999X	
	地址、电话：	洸河路 666 号－23866666	
	开户行及账号：	工商银行洸河支行－2358888	

000013560044008
发票专用章

收款人： 东方朔　　复核： 刘超　　开票人： 苏畅　　销货单位：（章）

凭证 21c

任兴橱柜有限责任公司材料验收单

材料科目：原材料

供应单位：济宁东方钢材有限公司　　　　2015 年 7 月 10 日　　　　　　收料仓库：2

材料 名　称	计量 单位	数　量		实　际　成　本						备注
		应　收	实　收	买　价		运杂费用	其他	合　计	单位成本	
				单　价	金　额					
304 角钢	千克	5 000	5 000	20.00	100 000.00	—		100 000.00	20.00	
合　计	千克	5 000	5 000	20.00	100 000.00	—		100 000.00	20.00	

记账：　蔡文彬　　　　　　　收料：　阚守元　　　　　　　制单：　金山

---

22. 购买劳保用品

凭证 22a

山东省国家税务局通用机打发票(电子)

发票联

发票专用章

发票代码：1386377493181

开票日期：2015－7－12

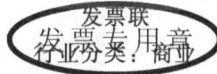

行业分类：商业

发票号码：2035366

付款方名称：	任兴橱柜有限责任公司					
付款方纳税人识别号						
370802196207143088						
品名		规格型号	单位	数量	单价	金额
劳保服装			套	50	100.00	5 000.00
耐热手套			副	50	10.00	500.00
洗衣粉			袋	50	15.00	750.00
肥皂			块	100	5.00	500.00
小写金额合计：　￥6 750.00		大写金额合计：　人民币陆仟柒佰伍拾元整				
收款方名称：　济宁劳保用品有限公司 收款方纳税人识别号：　370802222222						
地址、电话： 开户行及账号：　曲阜银行－232334						
开票单位(盖章有效)　　　开票人　毕福			电子发票服务网址：www.chian.shand.com			

（手写无效）

济宁劳保用品有限公司
000013560044376
发票专用章

凭证 22b

任兴橱柜有限责任公司材料验收单

材料科目：周转材料

供应单位：济宁劳保用品有限公司　　　2015 年 7 月 12 日　　　　　　收料仓库：2

材料名称	计量单位	数量		实际成本							备注
		应收	实收	买价		运杂费用	其他	合计	单位成本		
				单价	金额						
工作服	套	50	50	100.00	5 000.00		—	5 000.00	100.00		
耐热手套	副	50	50	10.00	500.00		—	500.00	10.00		
洗衣粉	袋	50	50	15.00	750.00		—	750.00	15.00		
肥皂	块	100	100	5.00	500.00			500.00	5.00		
合计					6 750.00			6 750.00			

记账：蔡文彬　　　　　　收料：阚守元　　　　　　制单：韩兴贤

凭证 22c

中国工商银行
转账支票存根
编　号：887733183
出票日期：2015 年 7 月 12 日

收款人：济宁劳保用品有限公司
金　额：￥6 750.00
用　途：周转材料款

单位主管：　　　　　会计：

23. 购买资料框

凭证 23

山东省国家税务局通用机打发票

发票联

发票代码	13708133003191
发票号码	
客户名称	
资料框	5　　10　　50.00
科目章盒	1　　50　　50.00
合计	100.00
	000013560044008
密码：	

现金付讫

鲁国税发票字〔2015〕0324 号卷数

1.0 万 × 100 份 × (57 × 127)

24. 发料

凭证 24a

领 料 单

领料部门：基本车间　　　　　　　　2015 年 7 月 1 日　　　　　　　　No. 273201

编号	名称	型号及规格	单位	数量		实际价格	
				请领	实领	单价	总价
	钢板	301	千克	3 000	3 000		
	圆钢	303	千克	3 000	3 000		
	角钢	304	千克	3 000	3 000		
用途	生产 101♯ 和 102♯ 橱柜，其产品重量分别为 30 千克和 20 千克。						

发料：阚守元　　　　　　　　　　领料人：李华

二　财务科核算

凭证 24b

领 料 单

领料部门：基本车间　　　　　　　　2015 年 7 月 13 日　　　　　　　　No. 273202

编号	名称	型号及规格	单位	数量		实际价格	
				请领	实领	单价	总价
	工作服			10	10	100	1 000
	手套			10	10	10	100
	洗衣粉			10	10	15	150
	肥皂			10	10	5	50
	合计						1 300
用途	车间生产人员						

发料：阚守元　　　　　　　　　　领料人：李华

二　财务科核算

凭证 24c

领 料 单

领料部门：行政部门　　　　　　　　2015 年 7 月 13 日　　　　　　　　No. 273203

编号	名称	型号及规格	单位	数量		实际价格	
				请领	实领	单价	总价
	工作服			7	7	100	700
	洗衣粉			7	7	15	105
	肥皂			7	7	5	35
	合计						840.00
用途	公司办公室、财务科、仓库人员使用						

发料：阚守元　　　　　　　　　　领料人：李华

二　财务科核算

凭证 24d

领 料 单

领料部门：销售科　　　　　　　　2015 年 7 月 15 日　　　　　　　　No. 273204

编号	名称	型号及规格	单位	数量		实际价格	
				请领	实领	单价	总价
	工作服			1	1	100	100
	洗衣粉			1	1	15	15
	肥皂			1	1	5	5
用途	钱多多使用						

转讫

发料： 阚守元　　　　　　　　　　　　　领料人： 李华

二、财务科核算

凭证 24e

领 料 单

领料部门：基本车间　　　　　　　　2015 年 7 月 15 日　　　　　　　　No. 273205

编号	名称	型号及规格	单位	数量		实际价格	
				请领	实领	单价	总价
	钢板	301		1000	1000		
用途	生产 102 # 橱柜						

转讫

二、财务科核算

25. 购买材料

凭证 25a

山东省增值税专用发票　　　　　　　No. 00003211

（发票联　购买方记账凭证）　　　开票日期：2015 年 7 月 15 日

监制章

购货单位	名　　称： 任兴橱柜有限责任公司
	纳税人识别号： 370802196207143088
	地址、电话： 任兴路－3229738
	开户行及账号： 工商银行洸河路支行－322973

密码区

货物或应税劳务名称	规格型号	单 位	数 量	单 价	金 额	税 率	税 额
角钢	304	千 克	10 000	22.00	220 000.00	17%	37 400.00
合 计					220 000.00		37 400.00

价税合计（大写） 贰拾伍万柒仟肆佰元整　　　　　257 400.00

济宁东方钢材有限公司
000013560044008
发票专用章

销货单位	名　　称： 济宁东方钢材有限公司		备
	纳税人识别号： 37080332434888999X		
	地址、电话： 洸河路 666 号－23866666		注
	开户行及账号： 工商银行洸河路支行－2358888		

收款人： 东方朔　　　　复核： 刘超　　　　开票人： 苏畅　　　　销货单位：（章）

凭证 25b

公路、内河货物运输业统一发票

发 票 联　　　　　　发票代码：00003212

开票日期：2015－7－15　　　发票号码：000000007715

机打代码 机器编号	30820329420494 00424774535	税控码	略		
收货人及 纳税人识别号	任兴橱柜有限责任公司 370802196207143088	承运人及 纳税人识别号	济宁远大运输公司 370802181866		
发货人及 纳税人识别号	济宁东方钢材有限公司 37083234434555555	主管税务 机关及代码	济宁市地方税务局任城分局 3708001		

运输 项目 及金 额	货物名称　　　角钢 数量（千克）　　10 000 单位运价 计费里程 运费金额　　　800.00	其他 项目 及金 额	费用名称　　金额 搬运装卸费　　0 仓储费　　　　0 保险费　　　　0 其他　　　　　0	备注：（手写无效） 起运地：任城 到达地：任城 车（船）号： 鲁 H50079 代开单位章

运费小计	￥800.00		其他费用小计	￥0.00
合计（大写）	人民币：捌佰元整			

代开单位 及代码		扣缴税额、税率完税 凭证号码	

第三联　发票联付款方记账凭证

开票人：崔永浩

注：此件为复印件，原件交给购货方

凭证 25c

任兴橱柜有限责任公司材料验收单

材料科目：原材料

供应单位：济宁东方钢材有限公司　　　　2015 年 7 月 15 日　　　　收料仓库：2

材料 名称	计量 单位	数量		实际成本						备注
		应收	实收	买价		运杂费用	其他	合计	单位成本	
				单价	金额					
304 角钢	千克	10 000	10 000	22.00	220 000.00	800.00	—	220 800.00	22.08	
合 计	千克	10 000	10 000	22.00	220 000.00			220 800.00	22.08	

记账：蔡文彬　　　　　　收料：阚守元　　　　　　制单：金山

---

26. 支付料款

凭证 26

中国工商银行
转账支票存根

编　号：00003221

出票日期：2015 年 7 月 16 日

收款人：济宁东方钢材有限公司
金　额：￥258 200.00
用　途：周转材料款

单位主管：　　　会计：

27. 销售产品

凭证 27a

产品出库单

2015 年 7 月 16 日

购买单位：泉城橱柜有限公司　　　　　　　　　　　　运输方式：自提

仓库：04　　　　　　　　　　　　　　　　　　　　　　编号：03231

产品名称	规格	单位	数量	单位售价	金额	备注
橱柜	102#	套	10	20 000.00	200 000.00	
合计	102#	套	10	20 000.00	200 000.00	

销售部门：　　　　　　　发货人：　　　　　　　　提货人：

凭证 27b

山东省增值税专用发票　　　　　No.0003232

（记账联　销售方记账凭证）　　　开票日期：2015 年 7 月 16 日

购货单位	名　称：泉城橱柜有限公司							密码区	
	纳税人识别号：30133234444446777								
	地址、电话：泉城路 666 号－(0531)36878888								
	开户行及账号：泉城银行千佛山支行－053100889								

货物或应税劳务名称	规格型号	单位	数量	单价	金额	税率	税额
橱柜	102	台	10	20 000.00	200 000.00	17%	34 000.00
合计					200 000.00		34 000.00

价税合计（大写）　贰拾叁万肆仟元整　　¥234 000.00

销货单位	名　称：任兴橱柜有限责任公司		备注	
	纳税人识别号：3708023196107143018			
	地址、电话：任兴路－3229738			
	开户行及账号：工商银行洸河路支行－322973			

收款人：金山　　　复核：蔡文彬　　　开票人：钱多多　　　销货单位：（章）

凭证 27c

托收承付凭证（回单）　　　4　第　号

托收号码：

委托日期：　　　2015 年 7 月 16 日

承付期限　到期 2015 年 7 月 26 日

付款人	全称	泉城橱柜有限公司	收款人	全称	任兴橱柜有限责任公司		
	账号	053100889		账号	322973		
	开户银行	泉城银行千佛山支行		开户银行	工商银行洸河路支行	行号	556633

委托金额	人民币（大写）贰拾叁万肆仟捌佰元整	千	百	十	万	千	百	十	元	角	分
				¥	2	3	4	8	0	0	0	0

附件	商品发运情况	合同名称号码 15－0716
附寄单证张数或册数		铁路运输

此联是收款人开户银行在款项收妥后给收款人的收账通知

凭证 27d

公路、内河货物运输业统一发票

发 票 联　　　　　　　　　　发票代码：3013873244

开票日期：2015－07－16　　　　　　发票号码：3366557709

机打代码	234455555	税控码	0138><1348+33436-151+5/879-922/-9*8/
机器编号	3233324		/5*75<1+6>*<9<730*77/31/104/*9-29+3*
			*<0*5/*/7*9-3-6*>174-0+22+63*3010*/5

| 收货人及纳税人识别号 | 任兴橱柜有限责任公司 370802196207143088 | 承运人及纳税人识别号 | 济南铁路局 ×2494829××××××××22 |
| 发货人及纳税人识别号 | 泉城橱柜有限公司 3018888888 | 主管税务机关及代码 | 济宁市地方税务局任城分局 370802333××××××××22 |

运输项目及金额	货物名称	数量	单位运价	计费里程	金额	其他项目及金额	费用名称金额	备注
运费小计	¥800.00				其他费用小计	¥0.00		
合计（大写）	人民币							

| 代开单位及代码 | | | | 扣缴税额、税率完税凭证号码 | | | |

凭证 27e

| 中国工商银行 |
| 转账支票存根 |
| 编号：　00003245 |
| 出票日期：2015 年 7 月 16 日 |
| 收款人：济南铁路局笨大货场司 |
| 金　额：¥800.00 |
| 用　途：代垫商品运费 |
| 单位主管：　　　　会计： |

28. 购买辅助材料

凭证 28a

山东省增值税专用发票

（抵扣联　购货方扣税凭证）　　　　No. 0003251

开票日期：2015 年 7 月 15 日

| 购货单位 | 名　称：任兴橱柜有限责任公司 纳税人识别号：370802196207143088 地址、电话：任兴路－3229738 开户行及账号：工商银行洸河路支行－322973 | 密码区 | |

货物或应税劳务名称	规格型号	单位	数量	单价	金额	税率	税额
机油	略	千克	100	4.00	400.0	17%	68.00
润滑油		千克	100	4.20	420.00	17%	71.40
棉纱		千克		20.00	100.00	17%	17.00
合　计					920.00		156.0

| 价税合计（大写） | 壹仟零柒拾陆元肆角（小写）¥1 076.40 |

| 销货单位 | 名　称：济宁海天物资有限公司 纳税人识别号：3708083232444 地址、电话：海天路 1 号－23645555 开户行及账号：工商银行海天路支行－23344444 | 备注 | |

收款人：夏天　　　复核：张林玲　　　开票人：吴春　　　销货单位：（章）

凭证 28b

中国工商银行
转账支票存根
编号： 46673252
出票日期：2015 年 7 月 15 日

| 收款人：济南海天物资有限公司 |
| 金 额：￥1 076.40 |
| 用 途：辅助材料款 |

单位主管： 　　　会计：

凭证 28c

任兴橱柜有限责任公司材料验收单

材料科目：辅助材料

供应单位：济宁海天物资有限公司　　　　2015 年 7 月 15 日　　　　收料仓库：3

材料名称	计量单位	数量		实际成本					备注
		应收	实收	买价		运杂费用	其他	合计	单位成本	
				单价	金额					
机油	千克	100	100	4.00	400.00		—	400.00	4.00	
润滑油	千克	100	100	4.20	420.00			420.00	4.20	
棉纱	千克	5	5	20.00	100.00			100.00	20.00	
合计	千克	205	205		920.00			920.00		

记账： 韩兴贤　　　　材料： 阙守元　　　　制单： 蔡文彬

---

29. 领用辅助材料

凭证 29

领 料 单

领料部门：基本车间　　　　2015 年 7 月 15 日　　　　No. 273261

编号	名称	型号及规格	单位	数量		实际价格	
				请领	实领	单价	总价
	机油		千克	50	50	4.00	200
	润滑油		千克	50	50	6.00	300
	棉纱		千克	5	5	20.00	100
	合计						600
用途	基本车间管理使用						

发料： 阙守元　　　　领料人： 李华

30. 办理银行承兑汇票

凭证 30a

银行承兑汇票

出票日期　　贰零壹伍年零柒月壹伍拾日　　　　　　　9000000003271

出票人全称	任兴橱柜有限责任公司	收款人	全称	
出票人账号	322973		账号	
付款行全称	任城银行洸河支行		开户银行	

出票金额	人民币大写：　贰拾叁万肆仟元整	亿	千	百	十	万	千	百	十	元	角	分
				¥	2	3	4	0	0	0	0	0

汇票到期日	贰零壹伍年拾壹月壹拾伍日		行号	
承兑协议号		付款行	地址	

本汇票请你行承兑，到期无条件付款。

本汇票已经承兑，到期由本行付款。

（8）　转账付讫

承兑行签章

承兑日期　　年　月　日

郭雷

出票人签章	备注：	复核	记账

凭证 30b

山东省增值税专用发票

No.0000003272

（发票联　购货方记账凭证）　　开票日期：2015 年 7 月 15 日

购货单位	名称：	任兴橱柜有限责任公司	密码区	
	纳税人识别号：	370802196107143018		
	地址、电话：	任兴路－3229738		
	开户行及账号：	工商银行洸河路支行－322973		

货物或应税劳务名称	规格型号	单位	数量	单价	金额	税率	税额
钢板	301	千克	10000	20.00	200 000.00	17%	34 000.00
合计					200 000.00		34 000.00

价税合计（大写）　贰拾叁万肆仟元整		¥234 000.00		

销货单位	名称：	济宁东方钢材有限公司	备注	
	纳税人识别号：	37080332434888999X		
	地址、电话：	洸河路 666 号－23866666		
	开户行及账号：	工商银行洸河路支行－2358888		

济宁东方钢材有限公司
000013560044044
发票专用章

收款人：　东方朔　　　复核：　刘超　　　开票人：　苏畅　　　销货单位：（章）

凭证 30c

任兴橱柜有限责任公司材料验收单

材料科目：原材料

供应单位：济宁东方钢材有限公司　　　　2015 年 7 月 15 日　　　　　　收料仓库：2

材料名称	计量单位	数量		实际成本						备注
		应收	实收	买价		运杂费用	其他	合计	单位成本	
				单价	金额					
301 钢板	千克	10 000	10 000	20.00	200 000.00		—	200 000.00	20.00	
合计	千克	10 000	10 000	20.00	200 000.00		—	200 000.00	20.00	

记账：韩兴贤　　　　　　收料：阚守元　　　　　　　　制单：金山

31. 购买劳保用品

凭证 31a

山东省国家税务局通用机打发票(电子)

发票联　　　　　　发票代码：1386377493281

开票日期：2015－07－16　　　　行业分类：商业　　　　发票号码：2035350

付款方名称：	任兴橱柜有限责任公司
付款方纳税人识别号	
370802196207143088	

× × × × × × × × × × ×

品名	规格型号	单位	数量	单价	金额
劳保服装		套	50	100.00	5 000.00
耐热手套		副	20	10.00	200.00
洗衣粉		袋	20	15.00	300.00
肥皂		块	20	5.00	100.00

（手写无效）

小写金额合计： ￥5 600.00	大写金额合计： 人民币伍仟陆佰元整
收款方名称： 济宁劳保用品有限公司	
收款方纳税人识别号：	
3708022175	
地址、电话：	
开户行及账号： 工商银行： 05372032137	
开票单位(盖章有效)　　　开票人：崔天然	电子发票服务网址：www.chian.shand.com

济宁劳保用品有限公司
000013560044033
发票专用章

凭证 31b

任兴橱柜有限责任公司材料验收单

材料科目：周转材料

供应单位：济宁劳保用品有限公司　　　　2015 年 7 月 16 日　　　　收料仓库：2

材料名称	计量单位	数量		实际成本						备注
		应收	实收	买价		运杂费用	其他	合计	单位成本	
				单价	金额					
工作服	套	50	50	100.00	5 000.00		—	5 000.00	100.00	
耐热手套	副	20	20	10.00	200.00		—	200.00	10.00	
洗衣粉	袋	20	20	15.00	300.00		—	300.00	15.00	
肥皂	块	20	20	5.00	100.00			100.00	5.00	
合计					5 600.00			5 600.00		

记账：蔡文彬　　　　收料：阚守元　　　　制单：金山

凭证 31c

```
        中国工商银行
        转账支票存根
  编  号：  00003283
  出票日期：2015 年 7 月 16 日
  收款人：劳保用品有限公司
  金  额：￥5 600.00
  用  途：劳保用品款
  单位主管：        会  计：
```

32. 购买办公用品

凭证 32a

山东省国家税务局通用机打发票(电子)

发 票 联　　　　　　　　发票代码：13863743291

开票日期：	2015-7-16	行业分类：	商业		发票号码：	2035350	

付款方名称：　任兴橱柜有限责任公司

付款方纳税人识别号						
370802196207143088						

品名	规格型号	单位	数量	单价	金额
拖把		把	20	10.00	200.00
笤帚		把	20	10.00	200.00
毛巾		条	20	5.00	100.00
脸盆		个	20	30.00	600.00

（手写无效）

小写金额合计：　￥1100.00	大写金额合计：　人民币壹仟壹佰元整

收款方名称：　济宁土产杂品有限公司

收款方纳税人识别号：　3708022037

地址、电话：

开户行及账号：济宁银行：05372032137

（盖章：济宁土产杂品有限公司　000013560044016　发票专用章）

凭证 32b

中国工商银行
转账支票存根
编号：00003292
出票日期：2015 年 7 月 16 日

收款人：济宁土产杂品有限公司
金 额：¥1 100.00
用 途：办公用品

单位主管： 会计：

凭证 32c

任兴橱柜有限责任公司材料验收单

材料科目：周转材料

供应单位：济宁土产杂品有限公司　　　　2015 年 7 月 16 日　　　　收料仓库：2

材料名称	计量单位	数量		实际成本					备注
		应收	实收	买价		运杂费用	其他	合计	单位成本	
				单价	金额					
拖把	把	20	20	10.00	200.00		—	200.00	10.00	
笤帚	把	20	20	10.00	200.00		—	200.00	10.00	
毛巾	条	20	20	5.00	100.00		—	100.00	5.00	
脸盆	张	20	20	30.00	600.00		—	600.00	30.00	
合计					1 100.00			1 100.00		

记账： 韩兴贤　　　　　　收料： 阚守元　　　　　　制单： 蔡文彬

33. 发料

凭证 33a

领 料 单

领料部门：基本车间　　　　2015 年 7 月 20 日　　　　No. 273301

编号	名称	型号及规格	单位	数量		实际价格	
				请领	实领	单价	总价
	钢板	301	千克	5 000	5 000		
	圆钢	303	千克	5 000	5 000		
	角钢	304	千克	5 000	5 000		
用途	生产 101♯和 102♯橱柜，其产品重量分别为 300 千克和 200 千克。						

发料： 阚守元　　　　　　领料人： 李华

二　财务科核算

凭证 33b

领 料 单

领料部门：基本车间　　　　　　　　　2015 年 7 月 20 日　　　　　　　　No. 273302

编号	名称	型号及规格	单位	数量		实际价格	
				请领	实领	单价	总价
	拖把		把	2	2	10.00	20.00
	笤帚		把	2	2	10.00	20.00
	毛巾		条	2	2	5.00	10.00
	脸盆		张	2	2	30.00	60.00
	合计						110.00
用途	车间管理						

发料：　阚守元　　　　　　　　　　　　　　领料人：　李华

二、财务科核算

凭证 33c

领 料 单

领料部门：企管办、财务科　　　　　　　2015 年 7 月 20 日　　　　　　　　No. 273303

编号	名称	型号及规格	单位	数量		实际价格	
				请领	实领	单价	总价
	拖把		把	4	4	10.00	40.00
	笤帚		把	4	4	40.00	80.00
	毛巾		条	4	4	5.00	20.00
	脸盆		张	4	4	30.00	120.00
	合计						260.00
用途	企业管理部门使用						

发料：　阚守元

二、财务科核算

凭证 33d

领 料 单

领料部门：销售科　　　　　　　　　　　2015 年 7 月 20 日　　　　　　　　No. 273304

编号	名称	型号及规格	单位	数量		实际价格	
				请领	实领	单价	总价
	拖把		把	1	1	10.00	10.00
	笤帚		把	1	1	10.00	10.00
	毛巾		条	1	1	5.00	10.00
	脸盆		张	1	1	30.00	30.00
	合计						55.00
用途	销售科使用						

发料：　阚守元　　　　　　　　　　　　　　领料人：　李华

二、财务科核算

34. 支付业务招待费

凭证 34

<table>
<tr><td colspan="2" style="text-align:center">山东省地方税务局通用定额发票</td><td style="text-align:center">兑奖联</td></tr>
<tr><td colspan="2" style="text-align:center">发票联</td><td></td></tr>
<tr><td>发票代码</td><td>137081350043</td><td>发票代码　137081350043</td></tr>
<tr><td>发票号码</td><td></td><td>发票号码</td></tr>
<tr><td>密码：</td><td></td><td>奖区：</td></tr>
<tr><td colspan="2">济宁贰佰山元鱼馆
000013560044021
发票专用章</td><td>1. 刮开奖区覆盖层后 显示中
奖后中奖金额或"谢谢您"
2. 在兑奖前不得将发票联合兑
奖联撕开。否则，不予
兑奖。</td></tr>
<tr><td colspan="2">鲁地税发票字〔2013〕048号票数50万册×50×3</td><td></td></tr>
<tr><td colspan="2">* 菏泽票证印刷所 2013 年 10 月印 *</td><td></td></tr>
</table>

（现金付讫）

35. 购买印花税

凭证 35

中 华 人 民 共 和 国
印花税票销售凭证

2015 年 7 月 20 日　　　　　　　　　　　　　　No. 3223321

购买单位	任兴橱柜有限责任公司		购买人		金山
购买印花税票					
面值种类	数量	金额	面值种类	数量	金额
壹角票			伍元票	60	300.00
贰角票			拾元票		
伍角票			伍拾元票		
壹元票			壹佰元票		
贰元票			总计		300.00
金额总计(大写)：	佰⊗拾⊗万⊗仟叁佰零拾零元零角零分			￥ 300.00	
销售单位 (盖章)	收票人： 郑华 (盖章)		备注		

（现金付讫）

第二联（收据）购票单位报销凭证

36. 销售 301# 钢板

凭证 36a

山东省增值税专用发票　　　　　　　No.0000003331

（发票联）购货方记账凭证　　　　　开票日期：2015 年 7 月 21 日

<table>
<tr>
<td rowspan="4">购货单位</td>
<td>名　　称：</td><td colspan="3">任兴钢材贸易有限公司</td>
<td rowspan="4">密码区</td>
<td rowspan="4"></td>
</tr>
<tr><td>纳税人识别号：</td><td colspan="3">3708444354565676657</td></tr>
<tr><td>地址、电话：</td><td colspan="3">任兴路 11 号－2032135</td></tr>
<tr><td>开户行及账号：</td><td colspan="3">工商银行任兴路支行－55366666</td></tr>
</table>

货物或应税劳务名称	规格型号	单 位	数 量	单 价	金 额	税 率	税 额
钢板	301	千 克	6 000	50.00	300 000.00	17%	51 000.00
合　计					300 000.00		51 000.00

价税合计(大写)　叁拾伍万壹仟元整　　　　　￥351 000.00

<table>
<tr>
<td rowspan="4">销货单位</td>
<td>名　　称：</td><td colspan="3">任兴橱柜有限责任公司</td>
<td rowspan="4">备注</td>
</tr>
<tr><td>纳税人识别号：</td><td colspan="3">370802196207143088</td></tr>
<tr><td>地址、电话：</td><td colspan="3">任兴路－3229738</td></tr>
<tr><td>开户行及账号：</td><td colspan="3">工商银行洸河路支行－322973</td></tr>
</table>

任兴橱柜有限责任公司
000013560044008
发票专用章

收款人： 金山	复核： 蔡文彬	开票人： 钱多多	销货单位：(章)

中国工商银行进账单(回单)

2015 年 7 月 21 日

1

出票人	全 称	任兴钢材有限责任公司	收款人	全 称	任兴橱柜有限责任公司
	账 号	2034356		账 号	322973
	开户银行	工商银行济宁分行		开户银行	工商银行济宁分行

金额	人民币(大写)叁拾伍万壹仟元整		百	十	万	千	百	十	元	角	分
		¥	3	5		0	0	0	0	0	0

票据种类	转支	票据张数	1
票据号码	39873263		
复核 记账			

此联是开户银行交给持(出)票人的回单

中国工商银行济宁分行
(8)
财务专用章
开户银行盖

材料出库单

2015 年 7 月 21 日

购买单位					运输方式	自提	
仓库号码					编 号	3333	
材料名称	规格	单位	数量	单位售价	金额	备注	

销售部门: 钱多多   发货人: 阚守元   提货人:

37. 预借差旅费

个人申请借款公用款审批单

借款人姓名	刘大海	工作单位	企业管理办公室
借款金额(大写)	伍仟元整	¥:5 000.00	现金付讫
借款事由: 出差北京开展销会		还款时间 年 月 日	
		计划还款时间: 2015 年 7 月 29 日	
财务部门负责人 审 查 意 见	蔡文彬	2015 年 7 月 22 日	
分管领导审批(查)意见: 江刘印大 2015 年 7 月 22 日		单位主要领导签批意见: 海刘印大 2015 年 7 月 22 日	

38. 销售102#橱柜

凭证38a

山东省增值税专用发票
No.0000003364

（发票联 购货方记账凭证）　　开票日期：2015 年 7 月 22 日

购货单位	名　　称	北湖大饭庄					密码区	
	纳税人识别号	38074324244445666						
	地址、电话	北湖路 1 号－35599988						
	开户行及账号	工商银行北湖支行－44444488						

货物或应税劳务名称	规格型号	单 位	数 量	单 价	金 额	税率	税 额
橱柜	102	套	2	20 000.00	40 000.00	17%	6 800.00
合　计					40 000.00		6 800.00

价税合计（大写）	肆万陆仟捌佰元整	¥46 800.00

销货单位	名　　称	任兴橱柜有限责任公司	备注
	纳税人识别号	370802196207143088	
	地址、电话	任兴路－3229738	
	开户行及账号	工商银行洸河路支行－322973	

收款人：金山　　　　复核：蔡文彬　　　　开票人：钱多多　　　　销货单位：（章）

凭证38b

材料出库单
2015 年 7 月 22 日

购买单位	北湖大饭庄				运输方式	自提
仓库号码					编　号	3352
材料名称	规格	单位	数量	单位售价	金额	备注
橱柜	102#	套	2	20 000	40 000.00	

销售部门：钱多多　　　　发货人：阚守元　　　　提货人：

凭证38c

中国工商银行进账单(回单)
2015 年 7 月 22 日

1

出票人	全　称	北湖大饭庄	收款人	全　称	任兴橱柜有限责任公司
	账　号	2032179		账　号	322973
	开户银行	工商银行济宁分行		开户银行	工商银行济宁分行

金额	人民币（大写）肆万陆仟捌佰元整	百	十	万	千	百	十	元	角	分
			¥	4	6	8	0	0	0	0

票据种类	转支	票据张数	1
票据号码	39873275		

复核　　记账

此联是开户银行交给持（出）票人的回单

39. 销售101#橱柜

凭证 39a

<table>
<tr><td colspan="2" align="center">山东省增值税专用发票</td><td align="right">No.0000003367</td></tr>
<tr><td colspan="2" align="center">（发票联　购货方记账凭证）</td><td>开票日期：2015 年 7 月 23 日</td></tr>
</table>

购货单位	名　　称：任兴橱柜经销公司
	纳税人识别号：3708424455567768
	地址、电话：任兴路 10 号－203212222
	开户行及账号：任兴银行任兴路支行－22222222

密码区

货物或应税劳务名称	规格型号	单位	数量	单价	金额	税率	税额
橱柜	101	套	10	4 000.00	40 000.00	17%	6 800.00
合　计					40 000.00		6 800.00

价税合计（大写）　肆万陆仟捌佰元整　¥46800.00

销货单位	名　　称：任兴橱柜有限责任公司
	纳税人识别号：370802196207143088
	地址、电话：任兴路－322973888
	开户行及账号：工商银行洸河路支行－322973

备注

000013560044008
发票专用章

收款人：金山　　　复核：蔡文彬　　　开票人：钱多多　　　销货单位：（章）

凭证 39b

中国工商银行进账单(回单)

2015 年 7 月 23 日　　　　　　　　1

出票人	全　称	任兴橱柜经销公司
	账　号	2032175
	开户银行	工商银行济宁分行

收款人	全　称	任兴橱柜有限责任公司
	账　号	2032137
	开户银行	工商银行济宁分行

金额	人民币（大写）肆万陆仟捌佰元整	百	十	万	千	百	十	元	角	分
			¥	4	6	8	0	0	0	0

票据种类	转支	票据张数	1
票据号码	39873275		

复核　记账

（8）
财务专用章

开户银行盖

此联是开户银行交给持（出）票人的回单

凭证 39c

材料出库单

购买单位　　　　　　2015 年 7 月 23 日　　　　运输方式　自提

仓库号码　　　　　　　　　　　　　　　　　　编　号

材料名称	规格	单位	数量	单位售价	金额	备注

销售部门：钱多多　　　　发货人：阚守元　　　　提货人：

40．支付新预算法培训费

凭证 40a

山东省非税收入通用票据

缴款人：金山　　　　　　　　　　　　　　　　　　　　　No.101058783371

执行单位编码：　　　　　　　　　2015 年 7 月 23 日　　　　校验码

项目编码	项目名称	单位	数量	标准（元）	金额（元）
J322973	培训费		3	200.00	600.00
					600.00

金额合计（大写）：陆佰元整　　　（小写）￥：600.00

执收单位（公章）：　　　　　　复核人：张宁　　　　　经办人：

第三联存根或随支票留存付款银行

凭证 40b

```
        中国工商银行
        转账支票存根
  编号：5544393372
  出票日期：2015 年 7 月 23 日
  ┌──────────────────────┐
  │ 收款人：济宁高级职业学校 │
  ├──────────────────────┤
  │ 金 额：￥600.00        │
  ├──────────────────────┤
  │ 用 途：会计培训费       │
  └──────────────────────┘
  单位主管：        会 计：
```

41．发料

凭证 41a

领 料 单

领料部门：基本车间　　　　　　2015 年 7 月 26 日　　　　No.2723381

编号	名称	型号及规格	单位	数量		实际价格	
				请领	实领	单价	总价
	钢板	301	千克	1 000	1 000		
	圆钢	303	千克	1 000	1 000		
	角钢	304	千克	1 000	1 000		
用途	生产 101＃和 102＃橱柜，其产品重量分别为 30 千克和 20 千克。						

发料：阚守元　　　　　　　领料人：李华

二　财务科核算

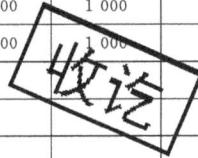

凭证 41b

领 料 单

领料部门：基本车间　　　　　　2015 年 7 月 30 日　　　　　　No. 2723382

编号	名称	型号及规格	单位	数量		实际价格	
				请领	实领	单价	总价
	工作服			10	10	100	1 000
	手套			10	10	10	100
	洗衣粉			10	10	15	150
	肥皂			10	10	5	50
	合计						1 300
用途	车间生产人员						

发料：阚守元　　　　　　领料人：李华

二　财务科核算

凭证 41c

领 料 单

领料部门：行政部门　　　　　　2015 年 7 月 30 日　　　　　　No. 2723383

编号	名称	型号及规格	单位	数量		实际价格	
				请领	实领	单价	总价
	工作服			7	7	100	700
	洗衣粉			7	7	15	105
	肥皂			7	7	5	35
用途	公司办公室、财务科、仓库人员使用						

发料：阚守元　　　　　　领料人：李华

二　财务科核算

凭证 41d

领 料 单

领料部门：销售科　　　　　　2015 年 7 月 30 日　　　　　　No. 2723384

编号	名称	型号及规格	单位	数量		实际价格	
				请领	实领	单价	总价
	工作服			1	1	100	100
	洗衣粉			1	1	15	15
	肥皂			1	1	5	5
用途	钱多多使用						

发料：阚守元　　　　　　领料人：李华

二　财务科核算

凭证 41e

领 料 单

领料部门：基本车间　　　　　　2015 年 7 月 27 日　　　　　　No. 2723385

编号	名称	型号及规格	单位	数量		实际价格	
				请领	实领	单价	总价
	角钢	304	千克	1 000	1 000		
用途	生产 101# 橱柜						

二　财务科核算

凭证 41f

发料凭证汇总表

2015 年 6 月 30 日

材料名称＼用途	橱柜总重量		小计	橱柜分配费用		小计	基本车间	管理部门	销售科	合　计
	101＃	102＃		101＃	102＃					
钢板										
圆钢										
角钢										
小计										
角钢										
工作服										
手套										
洗衣粉										
肥皂										
合计										

制单：金山　　　　　　　　审核：蔡文彬

42. 分配人工费用及预提福利费

凭证 42a

工资结算汇总表

2015 年 7 月 31 日　　　　　　　　　　　　　　　单位：元

人员编号	姓名	部门	人员类别	基本工资	奖励工资	合计
1001	刘大海	企管办	管理人员	3 200	300	3 500
1002	刘大江	企管办	管理人员	3 200	300	3 500
1003	阚守元	企管办	管理人员	2 000	500	2 500
1004	刘大河	企管办	管理人员	3 000	1 000	4 000
2001	金山	财务部	管理人员	1 500	500	2 000
2002	蔡文彬	财务部	管理人员	1 500	500	2 000
2003	韩兴贤	财务部	管理人员	2 000	500	2 500
3001	张明之	采购部	管理人员	2 000	1 000	3 000
小计				18 400	4 600	23 000
4001	钱多多	销售部	经营人员	2 000	1 000	3 000
小计				2 000	1 000	3 000
5001	金鑫鑫	生产一班	车间管理人员	2 000	1 000	3 000
5004	王然然	生产二班	车间管理人员	3 000	1 000	4 000
小计				5 000	2 000	7 000
5002	王二妮	生产一班	生产工人	3 100	400	3 500
5003	李华	生产一班	生产工人	3 200	400	3 600
5005	朱德粮	生产一班	生产工人	3 200	400	3 600
5006	张英	生产二班	生产工人	3 000	500	3 500
5007	周晓梅	生产二班	生产工人	3 100	400	3 500
5008	孙宝	生产二班	生产工人	3 000	500	3 500
5009	付元帅	生产二班	生产工人	3 100	400	3 500
小计				21 700	3 000	24 700
合计				47 100	10 600	57 700

凭证 42b

工资及福利费计算分配表

2015 年 7 月 31 日 　　　　　　　　　　　　单位：元

人员编号	姓名	部门	应付工资总额	福利费	合计
1001	刘大海	企管办	3 500	490	3 990
1002	刘大江	企管办	3 500	490	3 990
1003	阚守元	企管办	2 500	350	2 850
1004	刘大河	企管办	4 000	560	4 560
2001	金山	财务部	2 000	280	2 280
2002	蔡文彬	财务部	2 000	280	2 280
2003	韩兴贤	财务部	2 500	350	2 850
3001	张明之	采购部	3 000	420	3 420
小计			23 000	3 220	26 220
4001	钱多多	销售部	3 000	420	3 420
小计			3 000	420	3 420
5001	金鑫鑫	生产一班	3 000	420	3 420
5004	王然然	生产二班	4 000	560	4 560
小计			7 000	980	7 980
5002	王二妮	生产一班	3 500	490	3 990
5003	李华	生产一班	3 600	504	4 104
5005	朱德粮	生产一班	3 600	504	4 104
5006	张英	生产二班	3 500	490	3 990
5007	周晓梅	生产二班	3 500	490	3 990
5008	孙宝	生产二班	3 500	490	3 990
5009	付元帅	生产二班	3 500	490	3 990
小计			24 700	3 458	28 158
合计			57 700	8 078	65 778

注： 福利费计提比例为 14%。

43. 社会保险费及住房公积金计算表

凭证 43

社会保险费及住房公积金计算表

2015 年 7 月 31 日   单位：元

人员编号	姓名	部门	工资合计	社保费	住房积金
1001	刘大海	企管办	3 500	1 067.5	420
1002	刘大江	企管办	3 500	1 067.5	420
1003	阚守元	企管办	2 500	762.5	300
1004	刘大河	企管办	3 000	915	360
2001	金山	财务部	2 000	610	240
2002	蔡文彬	财务部	2 000	610	240
2003	韩兴贤	财务部	2 500	762.5	300
3001	张明之	采购部	3 000	915	360
小计			23 000	7 015	2 760
4001	钱多多	销售部	3 000	915	360
小计			3 000	915	360
5001	金鑫鑫	车间管理人员	3 000	915	360
5004	王然然	车间管理人员	4 000	1 220	480
小计			7 000	2 135	840
5002	王二妮	生产工人	3 500	1 067.5	420
5003	李华	生产工人	3 600	1 098	432
5005	朱德粮	生产工人	3 600	1 098	432
5006	张英	生产工人	3 500	1 067.5	420
5007	周晓梅	生产工人	3 500	1 067.5	420
5008	孙宝	生产工人	3 500	1 067.5	420
5009	付元帅	生产工人	3 500	1 067.5	420
小计			24 700	7 533.5	2 964
合计			57 700	17 598.5	6 924

注：社保费主要交养老保险(20%)、医疗保险(9%)、失业保险(1.5%)等三险；住房公积金为12%。

44. 收到存款利息

凭证 44

山东省农村信用社（商业银行 合作银行）

RURAL CREDIT COOPERATIVE OFSHANDONG   No. 044443411

单位存款利通知单   批量凭证－00001124

山东省农村信用社
（2015年7月31）
转讫

单位名称	任兴橱柜有限责任公司			
结算户账号				
计息起止日期	2015 年 7 月 1 日至 7 月 31 日			
存款户账号	计息总积数	利率		利息金额
				￥349.00
	复核	记账		
	复核	记账		

位左列存款利息已转入你单位账户。此致信用社章（银）

45. 完成固定资产折旧计算表

凭证 45

固定资产折旧计算表

2015 年 7 月

使用部门	固定资产类别	原值	月折旧率	本月折旧额
企业管理部门	房屋建筑物			
	机器设备	7 200.00	0.85%	61.20
	小计	7 200.00		61.20
销售科		200 000.00	0.85%	1 700.00
基本车间	房屋建筑物			
	机器设备	15 000.00	0.85%	127.50
	小计	15 000.00		127.50
	合计	222 200.00		1 888.70

46. 支付修理费

凭证 46a

山东省建筑业普通发票

发票监制章

No. 240321

购货单位：任兴橱柜有限责任公司

2015 年 7 月 31 日

品名及规格	货物或劳务名称	单位	数量	单价	金额						
						千	百	十	元	角	分
	企管办装修费					0	0	0	0	0	0
	合计				¥ 5	0	0	0	0	0	0

任兴建筑工程有限公司
00001356004438
发票专用章

开票单位盖章　　复核人：王小虎　　收款人：张英　　开票人：

②付款方报销凭证

凭证 46b

中国工商银行

转账支票存根

编号：2033432

出票日期：2015 年 7 月 31 日

收款人：任兴建筑公司

金额：¥ 50 000.00

用途：装修费用

单位主管：　　　会计：

47. 支付电费和水电

凭证 47a

山东省增值税专用发票

No.0000003421

（发票联　销货方记账凭证）　开票日期：2015 年 7 月 31 日

购货单位	名　　称：	任兴橱柜有限责任公司				密码区		
	纳税人识别号：	370802196207143088						
	地址、电话：	任兴路－3229738						
	开户行及账号：	工商银行洸河路支行－322973						

货物或应税劳务名称	规格型号	单 位	数 量	单 价	金 额	税 率	税 额
电费		度	50 000	0.60	30 000.00	17％	5 100.00
合　计					30 000.00		5 100.00

价税合计（大写）　叁万伍仟壹佰元整　　　　　¥35 100.00

销货单位	名　　称：	任兴电力有限责任公司	备注
	纳税人识别号：	37084324354556666777	
	地址、电话：	武泰闸路 666 号－4444444	
	开户行及账号：	建设银行武泰闸路支行－44888888	

收款人：赵虎　　　复核：何欣　　　开票人：寇天明　　　销货单位：（章）

凭证 47b

中国工商银行

转账支票存根

编号：00003482

出票日期：2015 年 7 月 31 日

收款人：任兴电力有限责任公司
金额：¥35 100.00
用途：电费

单位主管：　　　会计：

凭证 47c

山东省增值税专用发票

No.0003431

（发票联　销货方记账凭证）　开票日期：2015 年 7 月 31 日

购货单位	名　　称：	任兴橱柜有限责任公司				密码区		
	纳税人识别号：	370802196207143088						
	地址、电话：	任兴路－3229738						
	开户行及账号：	工商银行洸河路支行－322973						

货物或应税劳务名称	规格型号	单 位	数 量	单 价	金 额	税 率	税 额
自来水		m³	1 500	6.00	9 000.00	13％	1 170.00
合　计					9 000.00		1 170.00

价税合计（大写）　壹万零壹佰柒拾元整　　　　　¥10 170.00

销货单位	名　　称：	任兴自来水有限责任公司	备注
	纳税人识别号：	37080324424444	
	地址、电话：	共青团路 1 号－22133333	
	开户行及账号：	建设银行长青路支行－3666666	

收款人：李华　　　复核：朱腾　　　开票人：赵二妮　　　销货单位：（章）

凭证 47b

```
          中国工商银行
          转账支票存根
编号：00003482
出票日期：2015 年 7 月 31 日
┌────────────────────────────┐
│ 收款人：任兴自来水公司         │
├────────────────────────────┤
│ 金　额：￥10 170.00           │
├────────────────────────────┤
│ 用　途：水费                  │
└────────────────────────────┘
单位主管：          会计：
```

48. 分配动力费用和水费

凭证 48a

动力费用分配表

2015 年 7 月 31 日

使用单位	机器台时	度数	单价	分配金额（元）
101＃橱柜	360			
102＃橱柜	240			
小计	600	40 000	0.6	24 000.00
基本车间		4 000	0.6	2 400.00
行政部门		5 000	0.6	3 000.00
销售科		1 000	0.6	600.00
合计		50 000	0.6	30 000.00

制单：王然然　　　　　　　　　复核：金鑫鑫

凭证 48b

水费分配表

2015 年 7 月 31 日

使用单位	米³	单价	分配金额
基本车间	1 000	6	6 000
行政部门	400	6	2 400
销售科	100	6	600
合计	1 500	6	9 000

制单：王然然　　　　　　　　　复核：金鑫鑫

49. 编制制造费用分配表

凭证 49

制造费用分配表

2015 年 7 月 31 日

产品	机器台时	分配率	分配金额
101＃橱柜	360		
102＃橱柜	240		
合计	600		

制单：韩兴贤　　　　　　　　　复核：蔡文彬

50. 代扣职工社会保险和住房公积金，并销售产品

凭证 50a

工资发放汇总表

期间 2015 年 7 月

应付工资总额	代扣社会保险	代扣住房公积金	实发工资合计	备注
57 700.00	4 616.00	6 924.00	46 160.00	

制表：   审核：

注：代扣个人社会保险比例为 8%，代扣个人住房公积金比例为 12%

凭证 50b

山东省社会保险基金专用票据

流水号：   2015 年 7 月 31 日   No. 3512

缴款人：任兴橱柜有限责任公司   经济类别：   校验码：

收费项目	起始年月	终止年月	人数	单位缴纳金额（元）	个人缴纳金额（元）	利息（元）	合计（元）
社会保险费	20150601	20150630	18	17 598.5	4 616.00		22 214.5

金额合计（大写）：贰万贰仟贰佰壹拾肆元伍角整   （小写）：¥ 22 214.50

收款单位盖章：   财务复核人：   业务复核人： 赵华   经办人： 程春明

中国建设银行股份有限公司
洗河路支行
★2015.07.31★
票据受理专用章
收妥抵用

凭证 50c

中国建设银行

转账支票存根

编号：2033513

出票日期：2015 年 7 月 31 日

收款人：任城区社会保险事业局	
金 额：¥ 22 214.50	
用 途：社保基金	

单位主管：   会计：

凭证 50d

住房公积金汇(补)缴书

2015 年 7 月 31 日

No. 00473465

附清册　　张

收款单位	全称	济宁市住房公积金管理中心	缴款单位	全称	任兴橱柜有限责任公司
	公积金账号	13803749911		账号	18613692501
	开户银行	建设银行济宁支行		开户银行	工商银行济宁分行

| 科目 | | 汇缴 | 补缴 | 2015 年 7 月 |

金　额（人民币大写）	壹万叁仟捌佰肆拾捌元整	千	百	十	万	千	百	十	元	角	分
				¥	1	3	8	4	8	0	0

（印章：中国建设银行股份有限公司 沇河路支行 ★2015.07.31★ 票据受理专用章 收受抵用）

上月汇缴		本月增加汇缴		月减少汇缴		本月汇缴	
人数	金额	人数	金额	人数	金额	人数	金额
16		18	13 848.00				3736

银行盖章

第一联　银行盖章后退缴款单位记账（受理证明）

凭证 50e

中国建设银行

转账支票存根

编号：322973203515

出票日期：2015 年 7 月 31 日

收款人：济宁住房公积金管理中心
金　额：¥13 848.00
用　途：公积金

单位主管：　　　　会计：

凭证 50f

产品出库单

购买单位

仓库号码

2015 年 7 月 31 日

运输方式：自提

编号

产品名称	规格	单位	数量	单位售价	金额	备注

销售部门：钱多多　　　　　发货人：阚守元　　　　　提货人：

凭证 50g

山东省增值税专用发票　　　　　　No.0003472

（记账联　销货方记账凭证）　　开票日期：2015 年 7 月 31 日

购货单位	名　称：	济宁炊具贸易公司			密码区		
	纳税人识别号：	37080218888					
	地址、电话：	0537－2032143					
	开户行及账号：	任兴村镇银行－2032133					

货物或应税劳务名称	规格型号	单 位	数 量	单 价	金 额	税率	税 额
橱柜	101	套	10	4 000.00	40 000.00	17％	6 800.00
合 计					40 000.00		6 800.00

价税合计（大写）　肆万陆仟捌佰元整	￥46 800.00	

销货单位	名　称：	任兴橱柜有限责任公司	备注
	纳税人识别号：	370802196207143088	
	地址、电话：	任兴路－3229738	
	开户行及账号：	工商银行洸河路支行－322973	

收款人：金山　　　复核：蔡文彬　　　开票人：钱多多　　　销货单位：（章）

凭证 50h

中国工商银行进账单(回单)

2015 年 7 月 31 日　　　　　　No. 203523

付款人	全　称	济宁炊具贸易公司	收款人	全　称	任兴橱柜有限责任公司								
	账　号	2032133		账　号	322973								
	开户银行	中国工商银行济宁分行建设路支行		开户银行	工商银行济宁分行								

金额	人民币(大写)　肆万陆仟捌佰元整	百	十	万	千	百	十	元	角	分
			￥	4	6	8	0	0	0	0

票据种类　转支	票据张数		开户银行盖盖

此联是开户银行交给持（出）票人的回单

51. 摊销厂房租金

凭证 51

2015 年 7 月 31 日

接收部门	租金总额	摊销期限（月数）	摊销额
企管办	13 920.00		
销售科	480.00		
基本车间	81 600.00		
合计	96 000.00		

制表：韩兴贤　　　　　　审核：蔡文彬

52. 计算产品成本

凭证 52a

产品成本计算单

完工数量：400 · 2015 年 7 月 · 投料程度：100％

在产品数量：100 · 产品名称：101♯橱柜 · 完工程度：50％

成本项目	直接材料	直接人工	制造费用	其他费用	合计
月初在产品成本					
本月发生费用					
生产费用累计					
约当产量					
单位成本					
完工产品成本					
月末在产品成本					

凭证 52b

产品成本计算单

完工数量：160 · 2015 年 7 月 · 在产品投料程度：100％

在产品数量：80 · 产品名称：102♯橱柜 · 在产品完工程度：50％

成本项目	直接材料	直接人工	制造费用	其他费用	合计
月初在产品成本					
本月发生费用					
生产费用累计					
约当产量					
单位成本					
完工产品成本					
月末在产品成本					

凭证 52c

完工产品入库单

交库单位 · 2015 年 7 月 4 日 · 编号：3533

产品编号	产品名称	规格	单位	送检数量	检验结果 合格	检验结果 不合格	实收数量	备注
102♯	橱柜		套	60	60		60	

车间负责人 · 检验员 · 保管员

凭证 52d

完工产品入库单

交库单位　　　　　　　　　　　2015 年 7 月 21 日　　　　　　　　　　编号：3534

产品编号	产品名称	规格	单位	送检数量	检验结果		实收数量	备注
					合格	不合格		
102#	橱柜		套	100	100		100	

车间负责人　　　　　　　　检验员　　　　　　　　　　保管员

凭证 52e

完工产品入库单

交库单位　　　　　　　　　　　2015 年 7 月 8 日　　　　　　　　　　编号：3535

产品编号	产品名称	规格	单位	送检数量	检验结果		实收数量	备注
					合格	不合格		
101#	橱柜		套	150	150		150	

车间负责人　　　　　　　　检验员　　　　　　　　　　保管员

凭证 52f

完工产品入库单

交库单位　　　　　　　　　　　2015 年 7 月 21 日　　　　　　　　　　编号：3536

产品编号	产品名称	规格	单位	送检数量	检验结果		实收数量	备注
					合格	不合格		
101#	橱柜		套	150	150		150	

车间负责人　　　　　　　　检验员　　　　　　　　　　保管员

凭证 52g

完工产品入库单

交库单位　　　　　　　　　　　2015 年 7 月 31 日　　　　　　　　　　编号：3537

产品编号	产品名称	规格	单位	送检数量	检验结果		实收数量	备注
					合格	不合格		
101#	橱柜		套	100	100		100	

车间负责人　　　　　　　　检验员　　　　　　　　　　保管员

凭证 52h

完工产品成本汇总表

2015 年 7 月

编号：3538

产品名称	产品产量	直接材料	直接人工	制造费用	合计	单位成本
合计						

制表　　　　　　　　　　　　　　审核

---

53. 结转销售产品和材料成本

凭证 53

存货销售成本计算表

2015 年 7 月 31 日

产品名称	用途	单位	数量	单位成本	金额	备注
101#橱柜	销售	件	（　　）	（　　）	（　　）	
102#橱柜	销售	件	（　　）	（　　）	（　　）	
301#钢材	销售	千克	（　　）	（　　）	（　　）	
合计						

制表　　　　　　　　审核　　　　　　　　记账

---

54. 计算增值税及其附加税费

凭证 54a

增 值 税 计 算 表

2015 年 7 月 31 日

项目	本月销项税	本月进项税	本月应交增值税
金额	（　　）	（　　）	（　　）
合计			

凭证 54b

应 交 税 费 计 算 表

单位名称：任兴橱柜有限责任公司   2015 年 7 月 31 日   金额单位：元

税种、税目	计税依据	适用税率	应交税费	备注
应交城建税	（　　）	7%	（　　）	
教育费附加	（　　）	3%	（　　）	
地方附加费	（　　）	2%	（　　）	
水利建设基金	（　　）	1%	（　　）	
合计			（　　）	

制表   复核

二、要求

(一)会计电算化期末处理

1. 根据上述经济业务，完成相关计算表，做好编制记账凭证、审核、记账等工作。

2. 结转损益类账户本月发生额。

3. 计算本月应交所得税并结转。

4. 编制资产负债表和利润表。

(二)会计手工处理

1. 根据上述经济业务，完成相关计算表，编制记账凭证。

2. 根据记账凭证，登记库存现金日记账、银行存款日记账和"应交税费——应交增值税"明细账。

3. 根据会计凭证，登记 301♯、304♯材料明细账和库存商品明细账。

4. 根据记账凭证，登记制造费用明细账、管理费用明细账、销售费用明细账。

5. 根据会计凭证，登记生产成本明细账。

6. 根据记账凭证，编制"科目汇总表"，并根据科目汇总表登记总账。

7. 根据总账及明细账的余额及发生额，编制资产负债表和利润表。

三、实训准备

1. 会计手工工具

(1)会计凭证：收款凭证 10 张，付款凭证 30 张，转账凭证 26 张。或者记账凭证 66 张。

(2)账页：库存现金日记账、银行存款日记账、"应交税费——应交增值税"明细账、材料明细账、库存商品明细账、制造费用明细账、管理费用明细账、销售费用明细账各 1 张；生产成本明细账 2 张；总账 1 本。

2. 会计电算化工具

会计电算化软件一套。

科目汇总表

2015 年 7 月　　　　　　　　　　　　　　　科汇字第　　号

会计科目	借方	贷方	会计科目	借方	贷方
库存现金			实收资本		
银行存款			资本公积		
应收票据			利润分配		
应收账款			生产成本		
预付账款			制造费用		
其他应收款			库存商品		
在途物资			主营业务收入		
原材料			其他业务收入		
周转材料			营业外收入		
固定资产			营业税金及附加		
累计折旧			主营业务成本		
工程物资			其他业务成本		
无形资产			销售费用		
累计摊销			管理费用		
长期待摊费用			财务费用		
短期借款			营业外支出		
应付票据			所得税费用		
应付账款					
其他应付款					
应付职工薪酬					
应缴税费					
应付利息			合计		

附表2

资产负债表

编制单位：任 橱柜有限责任公司　　　　年　月　日　　　　　会小企 01

単位：元

资产	行次	期末余额	年初余额	负债和所有者权益	行次	期末余额	年初余额
流动资产：				流动负债：			
货币资金	1			短期借款	31		
短期投资	2			应付票据	32		
应收票据	3			应付账款	33		
应收账款	4			预收账款	34		
预付账款	5			应付职工薪酬	35		
应收股利	6			应交税费	36		
应收利息	7			应付利息	37		
其他应收款	8			应付利润	38		
存货	9			其他应付款	39		
其中：原材料	10			其他流动负债	40		
在产品	11			流动负债合计	41		
库存商品	12			非流动负债：			
周转材料	13			长期借款	42		
其他流动资产	14			长期应付款	43		
流动资产合计	15			递延收益	44		
非流动资产：				其他非流动负债	45		
长期债券投资	16			非流动负债合计	46		
长期股权投资	17			负债合计	47		
固定资产原价	18						
减：累计折旧	19						
固定资产账面价值	20						
在建工程	21						
工程物资	22						
固定资产清理	23						
生产性生物资产	24			所有者权益 （或股东权益）：			
无形资产	25			实收资本（或股本）	48		
开发支出	26			资本公积	49		
长期待摊费用	27			盈余公积	50		
其他非流动资产	28			未分配利润	51		
非流动资产合计	29			所有者权益 （或股东权益）合计	52		
资产总计	30			负债和所有者权益 （或股东权益）总计	53		

附表3

利润表

会小企 02 表

编制单位：任兴橱柜有限责任公司　　　　　　　年　月　　　　　　　　　　单位：元

项　目	行次	本年累计金额	本月金额
	1		
减：营业成本	2		
营业税金及附加	3		
其中：消费税	4		
营业税	5		
城市维护建设税	6		
资源税	7		
土地增值税	8		
城镇土地使用税、房产税、车船税、印花税	9		
教育费附加、矿产资源补偿费、排污费	10		
销售费用	11		
其中：商品维修费	12		
广告费和业务宣传费	13		
管理费用	14		
其中：开办费	15		
业务招待费	16		
研究费用	17		
财务费用	18		
其中：利息费用（收入以"－"填列）	19		
加：投资收益（损失以"－"填列）	20		
二、营业利润（亏损以"－"填列）	21		
加：营业外收入	22		
其中：政府补助	23		
减：营业外支出	24		
其中：坏账损失	25		
无法收回的长期债券投资损失	26		
无法收回的长期股权投资损失	27		
自然灾害等不可抗力因素造成的损失	28		
税收滞纳金	29		
三、利润总额（亏损总额以"－"填列）	30		
减：所得税费用	31		
四、净利润（净亏损以"－"填列）	32		